U0330160

毒 刺

亲子关系中
烦恼和痛苦的根源

[日]影宫竜也◎著　高野帆◎译

华东师范大学出版社

目录

序言

你在养育孩子的过程中有过烦恼吗，尤其是那些难以找到答案却一直让你心痛的问题？本书将告诉你，其实，原因不单单在于你——孩子的妈妈。

什么是理想完美的育儿方法？

对于这个问题，你可以到世界各地的书店里成列的无数优秀学者所论述的育儿书籍里去寻找答案。

然而，来找我咨询的妈妈们大多却是这样说的：

"表扬孩子太难了！"

"该如何跟孩子表达亲热？表达感情？表达我的爱？"

"老是不知不觉就对着孩子提高了嗓门。"

……

关于养育孩子教育孩子，其实很多妈妈都是有着许多类似这样那样的烦恼的。

来找我咨询的妈妈们当然都是很认真的人，有很多还特意读过许多育儿方面的书籍，那么为什么即使读了那么多优秀学者的育儿书籍还是会发生那么多的育儿烦恼呢？

其实我也是孩子的家长。虽然不像社会上的一般妈妈可以以孩子为中心，但我尽量花时间跟孩子在一起。通过自己的亲身体验注意或可以说发现了一个现象，那就是，那些有问题的家长本身，跟自己的父母之间，一定是存在着问题的！这个现象就是那么真实地存在着。

来我这里咨询的大多数妈妈有一个共同的根本性烦恼，那就是"一直为了跟自己的父母之间所存在的不和而痛苦着"！

"从小就一直持续遭受着父母否定性的语言的打击。"

"从来没有感受到过父母的爱。"

"无法原谅父母。可是我的这种心情又得不到任何人的理解。"

……

在现实生活中有许许多多即使自己已经为人父、为人母，却依然承受着幼小期被亲生父母伤害而未得到痊愈的伤口带来的痛苦所煎熬的父母。

我自己也是一位长年跟自己的母亲之间存有深刻不和，而最终导致**绝缘的，这种对普通人来说几乎是不可理解的经验**的父亲。

就是这样的自己，回过头来，从前来咨询的母亲们的烦恼中再一次确确实实感悟到这些事实：

"不知不觉地就抬高了嗓门。"

"对表扬这个行为会有不知不觉的抵抗。"

"不知不觉当中就会对着孩子用支配性的口气说话。"

……

我是那么疼爱自己的孩子，却用了跟这份疼爱的感情完全相反的行为，使得自己都常常陷入厌恶自己的情绪里。

"为什么我会经常训斥孩子？"

在考虑这样的问题时，我想起了小时候的一段往事。

"吵死了，闭嘴！"这是父亲对我的呵斥声。

为什么我会记得那么小的时候的事情，那是因为祖父经常会把我小时候的一些声音录下来。记得我刚刚成年的时候，有一天祖父对我说：

"我找到很多旧的录音带要不要听听?"

说着就取出旧磁带放入录音机中,一下子从录音机中传出了父亲怒斥我的声音。

"这么说来,父亲是经常这样怒气冲冲训斥我的啦!"

然后从自己的记忆当中也回想起很多这样的事情。

"自己跟父母之间存在的问题,不也在自己跟孩子的关系中造成了很大的影响吗?"

当我意识到这个问题时,就拼命地思考自己作为一个父亲到底存在着什么问题。

结果我非常惊讶地发现,**在我幼小期,父亲对我做的那些带给我非常不快情绪的事情,我居然对自己的孩子也同样在做。**

"我决不能重复父亲的愚昧!"

尽管如此坚定地下了这样的决心,却还是在**不知不觉**中对自己的孩子采取了跟父亲同样的行为。

本书不像一般的育儿丛书,不是"**以孩子为视线的育儿教育书**",而是以"**父母为视线**",也就是面向那些有着各种各样育儿烦恼的父母,尤其是母亲来阐述的,我想通过阐述带给大家一些**重要的启发**。

"我怎么觉得自己没有做母亲的资格!"

"我为孩子的事烦恼得已经筋疲力尽了!"

"我想远远离开家人,一个人待着!"

……

就是为了这些烦恼着的妈妈,我想通过我的阐述,让她们知道:

"原来并不是我一个人的错……!"

"我内心纠结的原因是这个啊?"

"我要结束一直责备自己!"

……

我希望通过本书,能让许许多多陷于育儿烦恼和痛苦中的母亲们,心灵得到宽慰,心灵得到解放!

那就让我们马上进入阐述,请大家跟随我一起,把话题进行下去。

影宫竜也

第 1 章

养育孩子时的苦恼是因为『内心有刺』

如今,在养育孩子的过程当中,心头揣着许多不为人知的苦恼的母亲,其实真的是非常之多。

　　"我真的是爱孩子的吗?"

　　"作为母亲我已经失去资格了吗?"

　　"我只想扔掉一切,一个人躲到没有人知道的地方去过日子。"

　　抱着这些绝对不会被社会所认可的深刻烦恼,在抚养教育孩子的妈妈中真是大有人在。

　　这些前来咨询的妈妈们,为什么会承受着这样的烦恼呢?

　　"我也是在拼命努力的,却得不到任何人的认可。"

　　"丈夫根本不顾孩子,脑袋里除了工作什么都没有。"

　　"孩子一点儿都不听话。最近我越来越讨厌老是情绪烦躁的自己。"

　　对忍着剧痛生下的宝贝孩子,谁都是怀着憧憬,憧憬着每天快快乐乐地过日子,然而却像是输给了养育孩子的严峻现实。对于这样一些妈妈,我给了她们这样的建议:

　　"不要过分指责自己,这个问题不可能都是你个人的问题,扎在你内心深处的那根刺是造成问题的根源,只要你意识到了这点就能变得轻松起来。"

　　是的,确确实实,这绝不仅仅是妈妈们的问题。在养育孩子时被苦恼纠缠的重要原因,是来自于"和自己的双亲的关系"! 能不能认识到这一点是非常重要的。

　　大多数妈妈都不知道这样的事实,而一味地责备自己,处于深深的苦恼中。

　　"为什么我不能如实真切地表扬自己的孩子?"

　　"不知为什么老是对着孩子怒气冲冲的?"

　　"如果能没有这个孩子的话该多好?"

这些连自己都不想接受的负面情绪为什么会不断冒出来？

针对这样一些妈妈们的苦恼所产生的理由，我想来详细阐述一下。

1. 为什么会产生育儿烦恼？

为什么妈妈们会在育儿中抱有苦恼呢？

"为什么这孩子这么不听我的话？"

"为什么这孩子老是要做一些让我为难的事？"

"不要再这样折磨妈妈了好吗？"

看着孩子的脸会这样想的妈妈们一定不少吧？

但是，孩子绝对不会是故意要为难妈妈，故意要让妈妈难过的（这点妈妈其实也是知道的），只是妈妈和孩子之间有认知上的错位。妈妈再怎么生气或发怒，孩子想的却是：

"为什么妈妈的脸老是生气的样子呢？"

"妈妈的脸能温柔一点多好啊！"

"我喜欢看妈妈开心的样子！"

为什么父母和子女之间会产生认知上的错位呢？

父母子女间之所以会产生认知错位，原因是爸爸或妈妈自身带着他或她和他们的父母之间所发生的问题进入婚姻，并成为父亲或母亲的缘故。尤其是妈妈。

"孩子不听话！"

"哥哥(姐姐)倒是好孩子!"

"早知道你那么麻烦还不如不生为好!"

如果对自己的孩子抱有这些情绪的话,那么这位妈妈跟自己的父母之间一定存在着相当严重的问题。这就是我们说的**妈妈的内心深处,被刺扎伤了。**

……即所谓,内心的刺!

妈妈和孩子之间产生的各种认知错位,实际上都是妈妈和她的父母之间所产生的问题被重复了的缘故。

我们经常说"孩子是从父母身上学会生活方式的",还有"孩子是看着父母的背影长大的"。实际上,育儿方法也是在不知不觉中从自己的父母那里学来的。

而且,爱的表现方式,跟孩子的接触方式等等也都是从父母那里不知不觉学来的,到底有多少做父母的能意识到这点呢?

"在父母深厚的爱情中养育长大的孩子,也会成为拥有深厚爱情的父母。相反被缺乏爱情的父母养育长大的孩子,对自己的孩子倾注爱情时,会感到困难!"

这样悲哀的事实就存在于许许多多的亲子关系中。

2. 令为人父、为人母者所痛苦的那根刺的真相

为什么妈妈们会在育儿中接连不断产生许多烦恼呢?最大的原因是**"与其自身同父母的关系中的问题有关"**,这点我们已经知道了。

比如,

- 用语言和暴力来控制孩子的父母。
- 过度保护型的父母。
- 一直对孩子持否定态度的父母。
- 对孩子有性侵犯行为和暴力的父母。
- 总是要去依赖孩子的父母。
- 不照顾孩子日常生活的父母。

被这样一些心灵扭曲的父母养大的孩子，长大后也会跟其父母一样形成被扭曲的心灵。

我把这个形成心灵扭曲的原因叫做"心灵之刺"，比较普遍的表达方式是"精神创伤"（心灵外伤）等。

被这根"心灵之刺"扎伤的人，在没有得到治疗也没有痊愈的状况下，生儿育女成为父母后，很有可能也会像自己的父母那样，做出在自己的孩子心灵上扎刺的行为。

例如，在控制孩子型的父母身边长大的人，不知不觉中也会对自己的孩子实行控制。被过度保护型父母养育长大的人对自己的孩子也会有过度保护倾向。

那么，为什么妈妈们会在养育孩子时，模仿自己父母的方式呢？那是因为父母的行为被复制了的缘故。

我们来到这个世上，被父母抚养，逐渐成长，在这个成长过程中，大多数人是从父母那里自然而然地学到"生存方法"的。特别是有专家认为，从出生到5岁期间接触到的时间最长的那个人的行为，会植入到孩子的自身行为当中去。

如此看来，我们**大多数人都是从母亲那里学到"生存智慧"的**，难道不是吗？也就是我常说的，包括阅读本书的你，也不例外地是从自己的母亲那里得到了为生存所需要的各种智慧的。

所以说"拥有深厚爱情的母亲养育出来的也会是爱情深厚的母亲。不懂爱的母亲养育出来的也会是一个不懂爱的母亲"。理由就在这里。

有过从小遭受父母的谩骂或暴力压抑经验的母亲当中，很多人都是这样想的：

"我一直把自己的父母当成反面教师，绝对不会去模仿父母的行为。"

实际上来我这里咨询的母亲当中也有很多这样表示的，对于这些母亲，我会问她们：

"那么相反，有没有成为过度保护型的母亲呢？"

"呃……我丈夫也是经常这样说我的……难道这就是问题所在吗？"她会显示出困惑。

心灵被刺伤的母亲们，往往在养育自己孩子时，会有采用极端方法的倾向。

"父母给了我很多痛苦的记忆，我绝不想再让我的孩子遭受同样的不幸！"

遭受过自己父母的谩骂或肉体暴力的妈妈，往往对自己的孩子抱有过于强烈的感情，成为过度保护型倾向的母亲，相反被过度保护型母亲抚养长大的妈妈呢，又往往比较多的会采取不负责任的放任、漠视行为。

这都不仅仅只是妈妈们的问题。首先，你必须知道，这个妈妈自身所受到的心灵伤害，才是非常大的原因。其次还必须注意到，这也是成为在考虑自己孩子教育问题时，非常关键的因素。

3. 关于刺的种类

接下来我想谈谈被自己的父母扎伤心灵的那根刺的种类。

①由语言或身体暴力形成的心灵之刺

是指遭受亲身父母的语言或者身体的暴力行为而被扎伤的那根刺。被这一类型的刺所扎伤的人,**一生**都会生活在莫名其妙的不安和愤怒状态中。在育儿过程中更是如此,如果孩子不听话或者表现出反抗情绪,是不是会感到强烈的烦躁?

② 由过度保护形成的心灵之刺

在父母过度保护的养育中长大的人,自己在养育孩子时要么也同样地过度保护,要么恰恰相反,对孩子会有放任漠视的倾向。还有被过度保护的人,长大后会对父母、配偶甚至孩子持有依赖心。

③ 由放任漠视形成的心灵之刺

在成长过程中被父母放任漠视的人,对自己的孩子会产生不知如何倾注爱情的倾向。那是因为幼小期没有得到父母恰当的爱所导致的。父母因为工作忙经常不在家的,幼儿期父母经常不陪伴左右而感到非常寂寞的人,需要引起注意了。

④ 由性暴力侵袭造成的心灵之刺

大多数人可能会不相信,事实上有过遭亲身父母性暴力经历的人,在这个世界上存在着许许多多。还有，虽然不是直接受到亲生父母的性暴力，而是有过亲眼目睹了父母的性行为或是父母的不正当男女关系的经历而伤害到心灵的人，和遭受性暴力侵袭一样，这些记忆会形成心灵之刺。

被这根刺扎伤心灵的人，往往感觉很难与配偶保持健全的关系，对异性总会有厌恶感等。

怎么样？我归纳了心灵之刺的主要类型。如果你觉得自己有相符合的地方，那么有可能那根扎在你心灵上的刺，也就是造成你在养育孩子时的心灵障碍。是不是试着重新正视一下你和自己父母的关系呢？

4. 那根刺带给我们的坏影响

前面我归纳了几个有代表性的心灵之刺的类型。接下来我想阐述一下被心灵之刺扎伤会带给我们什么样的坏影响。

在自然而然应该表扬孩子时有抵触感出现

作为家长却无法自然地表扬自己的孩子。是因为这位家长经常被自己的父母用语言或肉体的暴力所控制，从来没有得到过父母的认可所造成的。

"其实是不想服从的……"

没有得到父母肯定和认可所产生的怨恨会留在心底深处，这种怨恨加懊恼的情绪只要还残留在心中，即使是自己的孩子，在肯定、认可孩子时就会感觉到来自心理上的阻力。

被带有放任漠视倾向的父母养育长大的人，也会感到比较难去肯定和赞扬别人。原因是父母的漠不关心造成没有体会过"赞扬别人"带给人的心灵舒爽感。尤其是父母在养育过程中没有跟自己进行心灵沟通，造成不懂这种感觉，也就是说**还没有掌握作为一个健全的成人必须拥有的"与他人同感"的感觉，就长大成人了**，我认为这是最主要的因素。

心灵之刺就是这样带给育儿中的妈妈各种弊害和恶劣影响的。

"为什么我不能自然地接受孩子开心的样子？"

"为什么我对孩子的任性会如此烦躁和不耐烦？"

"为什么我不能好好地呵护孩子的感情？"

再说一遍，那不仅仅是做妈妈的问题，那也是妈妈的父母拥有的问题，认识这一点非常重要！

父母其实也是从做孩子开始的

因为生了孩子就突然对育儿面面俱到是不可能的。父母也是从自己的父母那里复制了育儿所需要的各种各样的本领，不管是好的还是坏的都会自然地模仿照做。

"自己小时候的记忆能复苏的话，如今为自己的育儿苦恼着的原因就能找到！"

不是妈妈的性格有问题，而是妈妈自身的成长环境是造成育儿苦恼的根源，首先意识到这一点是非常重要的。

只有清楚了解到被父母扎伤心灵的那根刺，才能清楚自己在育儿中面对的苦恼。

"没有赞扬孩子的心境,是因为自己没有得到过父母的赞扬的缘故。"

"经常为孩子的行为感到焦躁,是因为自己老是被父母催促的缘故。"

"没有体谅孩子感情的宽容心,是因为从小到大都是顺从父母的缘故。"

像这样,妈妈们各有各的烦恼,我想现在应该已经能看到各种各样的问题了吧?

育儿中的苦恼……其实是自己从父母那里受到的问题行为的重复表现,其副作用的恶性循环就是最大的原因。

归 纳

- 妈妈的育儿苦恼,其大多数原因,始于同亲生父母的关系。
- 要注意:没有得到父母充分爱情灌注的妈妈,对自己的孩子有过度干涉的倾向。
- 苦于对孩子表达爱的方式的妈妈,不妨回想一下自己的父母是否善于表达对你的爱。

第 2 章

被刺扎伤的父母

这一章我们来叙述一下被刺扎伤的父母。

被刺扎伤之后，会成为什么样的父母？

有些妈妈说不定给人留下可怕的印象，我们通过一个个具体的例子来阐述，不用考虑得太多，只需接着往下读就可以。

带着被刺伤的心灵成为父母的人，在育儿过程中会产生多方面的问题和苦恼。

- 与孩子的接触方式。
- 与孩子之间的距离感。
- 呵护孩子的方式。

带着被刺伤的心灵成为父母的人，对上述这些"亲子之间应有的状态"都会产生迷茫和不知所措。这是由于在自己的父母那里，没有学到恰当的亲子之间的应有状态的缘故。

"无法按自己的想象来教养孩子并且感到苦恼。"

这个想法就是所有失去常态的事情的原因。不过，能意识到这点的妈妈们，大多数都是能将烦恼消除掉的。

那么我们马上来举几个被刺伤心灵的妈妈的例子，您可以一边对照自己跟父母之间的关系和与自己孩子之间的关系一边继续阅读。

1. 像朋友似的父母

"和女儿走在大街上时会被年轻的男子骚扰。"

带着些许炫耀的神色这样说的年轻妈妈,在电视屏幕上见过吧?

确实,一直保持年轻美丽的妈妈,对孩子来说也是一种自豪,但如果太过分的话,相反会给孩子带来很不好的影响。

来咨询我的妈妈里,就有这样的为自己的母亲是那种类型的人而感到愤愤然的。

"看着上了年纪的母亲还带有色相真是目瞪口呆。"

来咨询的这位妈妈外表朴素,神态稳重。

"我小时候在被小朋友夸'你妈妈真漂亮'时会很高兴,但是到了做外婆的年龄还带着色相,看着不禁产生厌恶感。回想母亲和我之间的关系,母亲似乎总是把还是孩子的我当成同性竞争对手来对待,我也不想这样说自己母亲的坏话,但是从母亲的表现我看到的是'只有外表,除此之外没有任何能够让孩子感到自豪钦佩的东西,就像一个大草包',这就是我的印象。母亲只顾打扮自己,对家务、孩子的教育毫不关心。我不想成为那样的母亲!从自己的孩子一出生,就尽量把不要显露女色挂在心上了。但是最近孩子们和丈夫说的一番话令我对自己的想法是否正确产生了烦恼。"

她这样说着说着,眼眶里开始充满泪水。

"您丈夫和孩子是怎么说的呢?"我问道。

"丈夫说'我都无法把你当女人看了……',孩子们说'妈妈为什么不

打扮得漂亮些啊?'可是我一直以自己的方式,努力为丈夫和孩子们在考虑啊?他们为什么不理解?有时候也会想'丢掉做妈妈的样子活成女人的样子',但怎么也做不到像我母亲那样,总之我不想成为我母亲那样的人。"

她开始慢慢吐露深埋在心底的情感。

"那一定很伤你的心吧。你作为一个妻子和妈妈尽了自己最大的努力却没有得到丈夫和孩子们的认可一定很难过。但是请放心,这并不是你一个人的问题,你和你的母亲之间的某个问题才是造成这个问题的原因。如果你能理解这一点,那么你就能带着好心情作为妻子,作为母亲……还有作为一个女人,愉快地生活下去。"我笑着对她说。

"这怎么可能呢?作为母亲……是知道的,然而已经这把年纪还要让丈夫把我看成女人,早就已经忘了。"她的脸上显出一些羞涩。

"没有关系。过去的你是因为执着于同自己母亲之间发生的问题而产生苦恼。**你是被你的母亲用心灵之刺刺伤了,这个事实你是否意识到?**"我这样问她。

"心灵之刺是什么?"她有些不解。

"心灵之刺,你可以理解为,就是造成你内心苦恼的那个原因。你现在的苦恼是不是源于你对自己母亲的怀疑或不信任?你认为对自己母亲抱有的那份不信任……到底是什么呢?"

面对我的提问,她说道:

"母亲没有好好照看过我。不仅是我,家里其他人也是……除了镜子里的她自己,眼里就没有别人。对于这样的母亲我可能一直都持有不信任的感觉。从母亲那里没有得到安心感而形成的焦躁不安至今都存在着。"

她那心底深处的真正的声音从嘴里冒了出来。

"这就清楚了吧。你对你母亲感到愤怒的并不是她的穿衣打扮,而是由于她没有好好照顾你,令你产生了寂寞感,这才是你真正的不满。理解了这一点,那么你做一个爱时髦的女性会有什么问题吗?你是一个很重视家庭的人,对孩子的照顾无微不至,这跟你的母亲完全不同。你即使有意识地打扮自己,让自己更女性化也不会成为你母亲那样的人。所以你尽可以安心地让自己稍稍享受享受时髦,只要你的丈夫和孩子满意,就没有任何问题,我认为。"

我这样对她说。

"听了老师的一番话我好像明白了。我只顾厌恶母亲但似乎考虑错了。我否定母亲的是'作为母亲的应有的样子',不知不觉中忘了这一点而钻入牛角尖里了。我没有意识到和母亲的不同。我即使打扮得时髦漂亮些也都是没有问题的。好像堵在胸口的东西去掉了。"

她的表情变得越发柔和起来了。

实际上像她这样由于跟母亲的关系的原因而造成"误入牛角尖"的例子有不少。

只要找到误入牛角尖的原因,那么再复杂的乱绳也可以解开,烦恼和苦恼一下子就解决的例子也很多。

朴素不起眼的她现在会稍稍打扮自己了,跟丈夫和孩子们建立起了更良好的关系……不久之后我收到了她寄来的全家照和感谢信。

2. 掩饰真心的父母

来我这里咨询的妈妈中被卷入父母的人生,而陷入苦恼的也为数不少。例如:

- 被父母要求负担生活费。
- 被父母强行要求护理照顾。
- 以养育了你为借口索要钱物。

我在一个出场的电视节目里曾经为一对艺人母女之间的争执问题发表过意见。

"为行孝道我为母亲买了房子。"这位艺人这样说道。

真是天下有各种各样的父子母女形态啊，我不免有点儿吃惊。

有一次，我接受了这样一位母亲的咨询。

"老师，我父亲实在是一个粗暴无情的人，至今我都不能原谅他。我和妈妈都忍了他很久了。自己不工作，竟然还把妈妈辛辛苦苦打工挣的不多的钱抢去喝酒。妈妈经常对我说'我是为了你才忍受着的'。看着如此痛苦的妈妈，我就想什么时候离开父亲，跟妈妈两个人过平平安安的日子。可是等我长大后仍然觉得不知为什么，一直很郁闷。母亲最终没有离开父亲，现在也生活在一起。我结婚并离开了娘家，母亲经常会向我索要生活费。孩子小的时候我把自己打工的工资寄给她，现在孩子大了教育费等开支越来越大，没有余钱可以寄给母亲了，但母亲说如果我不寄钱给她，她就无法生活。这种事又不便与丈夫商量，真让我头痛。"

实际上这样的咨询为数不少，其中有些女士为此连婚姻都放弃了。

依存症——背负着父母的人生包袱的孩子

为什么会像这样最终导致背负上父母的人生包袱的呢？像这位咨

询者就是因为成了父母和自己家庭的三夹板而苦恼万分。

我试着问了她几个问题：

"你母亲为什么不跟这样的父亲离婚，你想过原因吗？"

这位来咨询的妈妈一边想一边说：

"也许母亲的想法是不管怎样的人，对孩子来说总归是父亲的缘故吧……但是我真的是非常讨厌这样的父亲，老是喝得醉醺醺的大声喧哗，跟母亲吵架的样子真是看够了。"

这样回答我的时候，从她的眼睛里能感受到愤怒。

"真是这样的！从孩子的立场来说，看到父母吵架的样子就像是到了地狱里。家就不成为一个可以安心的地方了。你父亲固然有问题，你母亲说不定也有心理问题哟。"

她对我的话感到不解：

"母亲也有问题吗？她是保护我们不受父亲伤害的人啊？"

看到这位妈妈惊讶的表情，我接着说：

"如果真是为孩子着想的母亲，与其跟这样一个整天不工作光会喝酒发疯的父亲一起遭罪，还不如离开他，跟孩子们一起过安安心心的日子，连这样想，都做不到吗？"

被我这样一问，她说：

"是啊，这样说来是觉得奇怪。与其把钱给不干活不养家的父亲，还不如把钱用在孩子们身上，我也会这么想的。那么为什么母亲没有跟父亲离婚呢？"

她开始若有所思。

"你母亲真的是为了你而没有离婚的吗？其实这个答案跟你现在的烦恼有关，说不定暗示就藏在里面。"

听了我的这番话这位来咨询的妈妈显得非常困惑……

"你的母亲说不定是一个不依赖谁就活不下去的人。你的母亲还有你的父亲，说不定就是相互间'共同依存'的关系，也就是'依存症'。就是通过被别人所需要，来再现自己的存在价值的一种心理状态。如果你的母亲患有依存症这个心理问题的话，那么她不是为了你而没有离婚，她是为了自己而没有选择离婚。然后还必须注意的是，有依存症关系的夫妇养育长大的孩子，以后在和自己的孩子之间，也有很大可能会进入这种依存症的关系。你母亲只有解脱了和你之间的这种关系时，你才能真正理解她的心理状态。"

她对于我的忠告依然显露出困惑的表情：

"这真是吓我一大跳。在我母亲的心底间原来还有这样的感情……直到现在还是会在电话里边说父亲的坏话边向我要钱。老师说的如果是真的话，母亲是在利用父亲而活着的吧？真不愿认可这是事实，母亲一直是在欺骗我吗？而我却一直把母亲的事考虑得比自己的还重要。"

她边说边流下了眼泪。

"也许你母亲并没有觉得自己有依存症。哪怕你指责她，恐怕她也难于承认。只是，你也受了你母亲很大的影响。刚才你说了'一直把母亲的事考虑得比自己的还重要'。像这种类型的人往往对别人有奉献一切的倾向。也就是牺牲自己……你对自己的丈夫和孩子是不是也有照料太过分的倾向啊？"

我这样问她。

"是的，我丈夫没有我就连日常生活都不能应付。我回娘家几天，家里就乱得一塌糊涂。孩子已经小学三年级了，凡事还得要我管。莫非造成这种状况的原因也是在我身上吗？我也希望他们'自己的事自己做'的呀……可是我不在家的话，那家就会一团糟。"

我对渐渐对上思路的那位妈妈说：

"我没有任何指责你的意思，你沉住气听我说。我只是客观地指出你和你父母之间，以及你和你的家庭之间的关系中的一些问题。这里我想请你回想一件事。你刚才说了'我不在家的话，那家就会一团糟'对吧？果然是这样吗？且不说孩子，你丈夫作为成年人和大家一样也在公司就职是吧？如果真是日常生活都不能应付，那他在公司工作不是会发生困难吗？莫不是明明他能做的事，你都事先帮他准备好做好了？怎么样？是这样吗？但你不必考虑太多，日本很多家庭都有这样的依存症，实在不是什么稀奇的事。但置之度外不解决就不是好事了。这个依存症关系定会造成亲子间问题，也是阻碍孩子独立自主的根源。"

我这样忠告她。

"现在被老师提醒，使我模模糊糊看到自己作为母亲的问题了。也似乎理解了自己母亲的心情。我作为妻子，却要维持作为母亲的生活状态，竭尽全力地被丈夫和孩子需要，如果丈夫和孩子不需要我，那么我作为妻子和母亲的地位就没有了。那么我就会不知道自己是为何而存在的。也许我的母亲也是通过和父亲在一起，来维护自己的地位的？那样的话，其实不是相反一直在束缚着对方吗？可我一旦失去了妻子和母亲的角色，那我不就什么都不剩了吗？这样想的话……好悲哀啊！"

她脸上表情非常颓丧。

"没关系。只要能意识到这个问题，人生完全可以重新再来。对丈夫和孩子，适当照顾就行，倒是自己的人生，是不是该认真地考虑一下。不只是作为妻子和母亲，何不寻找一下，作为你自己的形象呢？即使丈夫和孩子不再需要你照顾了，你还是你。从今天起慢慢地寻找一些能让自己快乐充实的事情，这点非常重要。你越是能找到快乐并过得充实，你的丈夫和孩子就越能把自己的事做得更好。

你母亲的问题也一样。你越是资助他们，他们就越离不开你。这样

做相反是剥夺了你母亲**自食其力生存于世**的力量。从今天起也要渐渐让你的父母勤劳起来。直接给钱还不如帮他们找工作,鼓励他们靠自己的劳动生存才是真正为了他们有一个好的将来。如果还是像现在这样的话,你不仅卷入你母亲的人生,还有可能毁掉你自己的家庭。

你以后必须维护的东西是你自己的家庭、孩子。以你目前的立场,既要照顾家庭又要照顾母亲,是不是很困难?而且为了母亲的生活费要去指望丈夫,是不通情理的。这一点对你的公公婆婆也同样适用。首先作为基本原则希望你记住的是,**父母不能介入孩子的人生。也不能让孩子介入父母的人生**。过分的介入就会造成依存关系。在孩子小的时候,他们还没有生存能力,有必要悉心照料,孩子长大成人后自己就具备了生存的能力,再要过分介入,就会剥夺他们生存的能力。其结果就是产生和形成不正常的关系。我的话请作为参考,与自己父母的关系以及与自己家庭的关系,再重新认识一下,怎么样啊?"

几天后,我收到了这位妈妈的伊妹儿:

"老师说的话我又好好地回味了一遍。首先我要重新建立和母亲之间的关系。正如老师所说,我一直是介入到家庭成员的人生里去了。我有我的人生,母亲有她自己所选择的人生。以后我会为他们考虑一些除了提供生活费以外的方法,帮助他们自食其力。真是从内心感谢您。"

这是来我这里咨询的案例中比较多见的状况。表面上是父亲的问题比较突出,母亲内心深处的问题不容易发现,孩子们会把父母看成一个是加害者,另一个是受害者。

孩子对父母的关系还不具备客观认识的能力,只是一味接受表面是被害方的说法,并且会产生想要保护他/她的心理动向。

对于在这样的环境里长大的人,我会告诉他们:

"你的父亲(母亲)难道真的是被害者吗？换一个角度也可以说你的父母其实对你来说都是加害者。为什么这样说？因为**父母齐心协力为孩子创造安定安心的生活环境是他们首先应该做的**，然而他们却一个自称为被害者，又把对方当成加害者，毫无顾忌地在孩子面前展示这样的夫妇关系，从根本上违背了作为父母本来应有的样子。必须立足于这一点来客观地看待你和你父母的关系。"

的确，看着为夫妻关系痛苦不堪的父母，孩子心头自然会产生同情心。然而就因为这样而卷入父母的问题里头，以至于失去自己的人生，也能做到不后悔吗？

这是必须重新认真好好考虑的大事。

3. 母亲话语里的诅咒

不管有没有恶意，母亲的话可以左右孩子的人生，世上的妈妈们有没有意识到这一点？

世上做母亲的有没有意识到，即使没有恶意，母亲说的话很多是会左右孩子人生的。

这是前来咨询我的一位母亲的原话：

"小时候，母亲经常说我'是个可怜的孩子'，我不能理解'为什么说我是个可怜的孩子呢？'，但被她不断重复地这样说，后来不知不觉我自己也就这样认为了，自己是个可怜的人！"

我静静地倾听着这位咨询者叙说有关她母亲的话。

"母亲总是找一些借口对我说这样的话：'你啊，就是没个拿得出手的本事，学习成绩、体育都不行，长得又不怎么样，将来会有人要跟你结婚吗？……'一边说还一边叹气。看着说这番话时母亲的样子，我真的是感到无比悲哀。考高中的时候，我说了想考的第一志愿学校时，母亲不容分说地反对：'就你能考上才怪呢，还是找一个保险一点的学校考考吧。'直到如今，只要一想起来就窝心。"

我问她：

"为什么你母亲要把你说成'可怜的人'呢？难道你真像你母亲说的那样，是个一点优点都没有的人吗？依我看不是那样的啊？"

被我这样一问，她似乎想起了什么：

"对了，母亲经常会对我说一些这样的牢骚话：'我从来没有得到过父母的表扬。他们老是对我动怒，谁都不认可我。'对这样的话我也不知该如何回答，总是默默地听着而已。"

听了她这番话，我说：

"从你的话来推测，你的母亲也像你这样一直是被父母否定的，那时在她的心灵中所造成的创伤，直到如今都在折磨她。我把这种心灵的创伤叫做**否定之刺**。没有感受过**被父母接受所带来的安心感**的人，长大后往往也会有**否定别人**、**指责别人**的倾向。你是不是也这样啊？有没有经常表扬、肯定你的孩子啊？"

被我这样一问她露出不知所措的神色，说道：

"说实话我最近确实感觉到我是不是跟自己的母亲很像。不能很直率地接受、肯定孩子和丈夫，并没有想否定他们的意思，相反我自己一直遭受母亲那些不好听的话，就决心一定要用称赞夸奖的语言对他们表达感情的。但是往往等意识到的时候……怎么自己嘴巴里吐出来的都是些刻薄狠毒的话语呢？"

针对这样一位妈妈，我继续说道：

"你的母亲被她的父母用'××是不能做的'这种禁止令在心里刻下了烙印，这种禁止令就像一根根刺，深深地扎入了她的心灵。只要这些刺不拔掉，你的母亲就会一直像她自己的母亲刺伤她那样，不断地用同样的刺去扎伤你，扎伤她周围的人。好吧，且不说你母亲了，先说说你的问题，从现在开始，你**不能不**努力地拔掉你母亲扎在你心灵里的那根**否定之刺**，愈合被那根刺扎伤的伤口。为了孩子以后的人生，你也必须这样做。"

然后我向她提了这样的建议：

"努力回想过去遭到你母亲否定时的场面，把能回想出来的用笔记录下来。比如刚才你说的，考高中时她说的那番话，以及她平时的口头禅等等。因为这些话使得你对什么事情死了心也写出来，这点很重要，是不是这样就能意识到，你母亲的言语是如何束缚了你的手脚，如何造成了你不自由的人生。首先母亲的语言对孩子的影响有多大，你自身好好理解是非常重要的。只有理解了这点，才能做好将你母亲扎在你心灵上的那根刺拔出来的准备。"

她听从了我的建议，为了拔掉她母亲扎在她心头的那根刺，冷静地回忆了过去：

"我母亲并不是因为担心我而说那些话的，她是把对没有得到自己父母认可的那份冤情，向我发泄了而已。"

"母亲是一个精神不成熟的人。"

"最近见到她的时候，感觉她是一个可怜的人。"

……

对自己和她母亲之间的关系，能够客观地凝视了，我欣慰地看到了她的成长。

像这位咨询的母亲那样，从自己父母那里承受的伤痛，不知不觉又深深地刻进了自己孩子身上的妈妈，实在不是少数。

- 经常被父母发禁止令的人，做了父母之后也会对自己的孩子发禁止令。
- 父母的语言对孩子来说，是比道德常识更绝对的东西。
- 一定要用心对待的是，比赞扬更重要的是"不否定"。

那位来咨询的妈妈，现在也开始从其母亲的语言束缚中慢慢解放出来，跟她母亲保持着适度的关系。

"从母亲的语言束缚中解放出来后，对丈夫和孩子的话也能愉快地倾听了，这种感觉很难用语言来形容……如果一定要用一句话来表达，就是"别人的话居然是如此有趣啊"。非常感谢帮助我从母亲的咒语中解放出来的老师！"在看到她的这封邮件时，我也同样充满了幸福的感觉。

4. 把爱孩子和干涉混为一谈的父母

我也曾接受过一位为了妻子的事而烦恼的丈夫的咨询，下面就来介绍一下。

"我担心的事情是妻子对小学生的儿子是否过度干涉了。我觉得孩子小时候玩得浑身沾满泥，玩累了倒头就睡也没什么不好的，可是妻子不认可我的这种想法，她说：'现在的时代跟你小时候不一样了，对于这些你就不要多话了，我来考虑就是了。'可是妻子可能没有感觉到，她老是在指责孩子。对于妈妈的指责孩子总是脸上露出惊恐的神色，作为父亲我觉得惭愧，真的不知道该如何做才好啊？"

像这样的咨询其实也不是稀奇的事。结婚，孩子出生，等到意识到的时候……发现妻子对孩子总是唠唠叨叨地在干涉……令你想起自己的家庭也有同样状况的人，一定不少吧？

显然，那是由于这位妻子把干涉误以为是母爱而造成的问题。我试着询问了这位丈夫几个问题：

"你妻子和她父母关系如何？"

这位丈夫一边考虑一边说道：

"好像比较紧张的样子。我们结婚之前曾经发生过这样的事情，当时还是独身的妻子一个人单独生活，她母亲每天都要给她打电话，我觉得奇怪就问为什么……"

我专注地倾听他的讲述：

"当时我听妻子说她父亲很严厉，过了晚上9点还不回家的话他就会大发雷霆：'这哪儿像出嫁前的女孩做的事情！'即使再三解释是跟同事在一起，他还是要怒斥：'一个女孩子有必要跟人在一起到这么晚吗？'有时因为加班晚了那可是要命，手机里的留电几十条。所以没办法，只能在9点之后保证在家里待着……如果让他知道是跟你在一起，后果会怎样连想都不敢想。我记得当时她是这样说的。"

我笑着对这位丈夫说道：

"你结婚时也应该有所觉悟的吧？"

"是的，说实在的，我真的是很怕她的父亲，而且当时还提出很多条件，有关结婚仪式啦、新居啦。"

他像是回想起很多往事，不断地叹着气。

"我大概知道了,你妻子只不过是以自己受到的教育方式在对待孩子而已。她是在重复她父母对待她的方式,而且并没有意识到自身有什么问题。"

我这样告诉他。

"但是妻子对自己的父母那种严厉是很不满的,经常流露在嘴上和脸上,她自己那么讨厌的事情还会重复去做吗?"

丈夫显得很惊讶。

"这就是可怕之处。在自身都没有意识到的状况下模仿了父母的行为,就是这个问题的原因之深刻之处。当然你一定很担心孩子,这么小就在承受精神压力,作为父亲,每天看着这种状况一定为之心痛吧?"

听了我的这番话,他更是急不可待:

"老师,有什么好的办法吗?再不阻止妻子的行为,孩子一定会出现反常的,我不能再沉默了。"

那位丈夫的脸上简直流露出走投无路的神色。

"是啊……"

其实,这个问题解决起来是比较难的。因为那位妻子还没有意识到她心灵上的问题。

心灵上的问题,需要存在心灵问题的当事人对自身心灵上的欠缺或歪曲有感觉和意识。如果当事人还没有感觉或意识到问题,而是由周围人指出问题的话,就很容易产生对立关系。

就拿这位咨询者来作为例子吧,丈夫从孩子的表情中已经感觉到孩子发自内心的信号,开始对妻子的行为产生疑问。加上丈夫的家庭环境与妻子不同,没怎么受到过父母的干涉,是由着自己的喜好长大的,所以对妻子的教育方法就很难理解。另外妻子对丈夫的教育方法也是很难接受的。

我这样对那位丈夫说：

"为了解决这个问题，首先有一个重要的规则必须遵守，那就是不要去改变你的妻子。你越是指责或否定，她越是看不到事情的原本，只会恶化夫妻关系，那就会加重孩子的精神压力，请记住，**越是要别人按照自己的意愿来改变就越会加深对立关系！** 你为孩子着想这我完全能理解，因此就更不能感情用事，必须冷静地、慎重地行事。能做到吗?"

他显示出难以接受的表情：

"但是，现在的状况孩子太委屈了，我不能在一边袖手旁观啊！"

对于他此刻的心情，我说道：

"光是着急也无法马上改变现状。谁的教育方法更好暂且不论，你们夫妇之间有一道墙，那就是家庭教育环境的不同。这道墙不推倒的话，很明显这个问题是很难解决的。首先，比你妻子改变对孩子的接触方式更重要的是，必须改善你们夫妇之间的一种关系，平时你是否注意倾听你妻子说的话啊？她有烦恼的时候你是否问过啊？先从你自身开始考虑一下如何改变对你妻子的接触方式。我并不是在责备你，很多男人工作一忙就满脑子工作，家庭和孩子全部都扔给妻子不闻不问。然而这也是形成这样的问题的原因之一。但是没有关系，你是一位对家庭和孩子非常重视的丈夫，所以我相信一定能找到解决的办法。"

然后，我向他提了以下的建议：

- 对于你妻子的家庭关系用客观的眼光去看待。
- 做丈夫的也要具体地学习一些教育孩子的方法。
- 耐心询问妻子关于孩子教育上的想法（注意这时千万不能说出你的意见，你只需要仔细倾听她的每一句话）。

- 为了解除孩子的精神压力，休息日跟孩子一起运动。
- 给你的妻子创造一些属于她一个人的时间。

这位丈夫认真地按照我的建议做了。

过了几个月之后，他对我说了这样一些话：

"去妻子娘家串门的时候感觉到了一些以前一直没有感觉到的事情，那就是妻子的娘家不知为什么老是飘荡着紧张的气氛。我突然发现那是因为她父亲一直在监视着家庭成员的缘故。家里的每一个人都在看着他的脸色行事。其中还让我明白了的是，我的妻子跟她父亲竟然一模一样，其实我也无意之中老看着她的脸色在过日子。有时候从她那里感到了精神负担就不敢回家去，当然也就尽量不想跟她照面，所以借口工作忙来逃避她。原来妻子的家庭关系被原样照搬到我们家里了，当我意识到这点时，真是非常惊讶。现在我可以理解为什么丈母娘老是要说一些对老丈人不满的牢骚话了。"

他已经变得能冷静地分析自己周围的环境了。

"每个周末都跟孩子一起运动，起初感到有些麻烦，但渐渐习惯之后，发现这也是为了自己。而且对孩子平时的生活有了更多了解，比以前任何时候都感觉跟孩子更亲近了。以前我只是一味地指责妻子，一点都没有感觉到自身的问题。自从认识到这一点之后，指责妻子的事情好像变得越来越少了，倒是跟妻子谈论孩子的机会越来越多，慢慢地妻子也开始意识到自己对孩子的很多行为太强迫。正如老师的建议里说的那样，不急不躁，一边关心关注她一边等待就家庭关系可以开展讨论的机会。比改变别人更重要的是改变自己，现在我能明白其含义了。感谢老师帮助我认识到这个重要问题。"

记得我收到他这封邮件时非常欣慰地放下了心。

对孩子过度的干涉会造成孩子的心灵萎缩。像这个例子里的那位妻子就是一直看着父亲的脸色,在被父亲监视的诚惶诚恐中成为母亲的。

父母对孩子过度干涉,孩子对自己的人生就不知道该如何去考虑,而只是生活在父母的人生里了。社会问题之一的"闭居"(闭门不出,窝在房间里),其背景的必然原因可以断言就是**父母把自己的人生准则强加给了孩子**。

"即使是自己的孩子,也不能要求另一个人按照自己的意愿生活。"

这是非常重要的,请一定牢记,在夫妻关系中也同样适用。

归 纳

- 老是说配偶坏话的父亲或母亲培养出的孩子,心灵深处会长出不信任任何人的那根刺。
- 扮演成被害者的父亲或母亲,毫无疑问就是有一种共同依赖症的心理特征。
- 母亲的言语不管好坏,都对孩子的心灵有束缚力,因此请一定注意你平常的语言。

第 3 章

父母和子女之间的宽松状态是教育的基础

那些被父母的刺扎伤心灵的人带着创伤为人父为人母之后，如果自己的孩子不听话，就会产生强烈的急躁情绪。

"你为什么要为难妈妈？"

"不要惹妈妈生气。"

"要做乖孩子！"

对自己的孩子经常如此要求、如此表达的父母，不妨问问自己，是否你小时候也经常听到父母这样对你说？

"孩子就是应该听从父母的"，很有可能你从小就被父母将这种自私任性的价值观印入了脑子里。

其实就是这种被印入脑子里的自私任性的价值观，造成了你和你孩子之间的关系扭曲。

孩子即是小大人

孩子虽然身体小小的，没有母亲的保护就无法生存，但请千万别忘了，孩子也和大人一样，是拥有完整心灵的。

就像大人也会有不情愿的时候一样，孩子也会因各种理由不愿意服从父母，这是不足为奇的，你小时候是不是无数次地这样想过啊：

"不做作业也可以活下去啊！"

"不想帮你做家务，我想马上出去玩。"

"不想去补课，就想跟小朋友们玩。"

然而，被父母的刺扎伤，总是为了取悦父母而假装成乖孩子的人，不知不觉就会忘了小时候的这些记忆。

而且会在不知不觉中也像自己的父母那样忽视了孩子的心灵，以自我为优先的教育方法来对待孩子。

"如果以孩子为主的话,每天的生活节奏就会被搞得乱糟糟的。"

经常会听到有些家长这样的不满,作为家长的我也是可以理解的。

"并不是说要全部以孩子为中心,相对以前,可以稍微试着多考虑一下孩子的意愿。"

这是我的建议。

哪怕是一天一次,以孩子的意愿为主的那种宽松感该是何等美妙,做妈妈的不妨体会一下。

"妈妈,太阳像是在燃烧哦。"

"妈妈,从学校回家的路上有一个燕窝,我想去看看再回家。"

"妈妈,我能倒立了,你看!"

你没有从父母那里得到的"宽松的美妙感",可以通过自己的孩子来感受,这对你来说,也是一件非常重要的事情。

1. 你理解自己孩子的性格吗?

正如家长都有各自的性格一样,孩子当然也有各自的性格。

只要一不符合自己的意愿,马上就发脾气的孩子。

自顾自的孩子。

随着自己的情绪而行动的孩子。

……

现在可能好一点了吧,以前我也有这样一个坏习惯,对于孩子各有各的性格这一点一直不能接受,是一个想要控制孩子的家长。

"快点快点,再这么磨磨蹭蹭就把你留在家里了。"

出门时如果孩子慢腾腾就大声地训斥一番那是常有的事。

孩子是有自己的各种思考的

后来我发现一个重大现象,孩子也是考虑后才行动的!

这是某一个休假日的事情,那天我跟孩子约好去邻村的一个大公园玩。

"快点快点,这么磨磨蹭蹭就不带你去啦!"

跟平时一样我又在催促孩子。

"等一等!"

只听见孩子的回答,就没见孩子从房间里出来。

"怎么搞的,你再磨蹭就不去了!"

我这样大声嚷嚷着,这时就听孩子说:

"爸爸有花粉症的,老是要在开车的时候找手巾纸的对吧?"

一边说一边递给我一个手巾纸盒。

"哦……谢谢啊!"

我一边接过手巾纸盒,一边为自己刚才的大声嚷嚷感到羞愧不已。

并且内心感悟到:

"原来孩子是那么地关注大人,相反我们大人却没有好好地去关注孩子。孩子其实是有所考虑后再行动的。我自己也不能不对孩子持以信任的态度……"

同时这也成为我自我反省的一个契机,由此我认识到:

"不是不听父母话的孩子有问题,而是想着要控制孩子的家长问题更大。"

家长认为的好孩子,不一定就是健全的孩子

来我这里咨询的妈妈当中,有这样形容自己孩子的:

"我们家的孩子真是好孩子,从来不找我麻烦。"

最初我听过之后敷衍了一下,慢慢地,等到她开始对我产生信任感后,我就开始有意识地问她:

"家长认为的好孩子,将来有出现很大心理问题的危险性,你有没有感觉到过?"

"家长认为的好孩子是什么样的孩子呢?"

连家长自己都没有意识到的,很大的问题就隐藏在这些话语里面。

这个大问题就是:

"家长认为的好孩子,是看着家长的脸色,被训练成抢在家长发话之前行动的孩子。因为他们无意识地认为,不要成为家长的负担,就是好孩子。"

"孩子不能不看家长的脸色行动的家庭环境,对孩子的人生来说是非常危险的。"

什么都听大人话的孩子就真的是好孩子吗?作为家长,这是不是必须好好思考的问题呢?

2. 靠表扬的育儿方法必然失败

为表扬方法烦恼的家长

最近在书店里最受注目的育儿书,是不是《表扬育儿法》? 以育儿为主题的电视节目里也常常能看到大肆渲染表扬育儿法的。然而来我这里咨询的家长里面,有很多都是在实践了这种表扬育儿法之后,相反产生了很多烦恼的。

比如:

"我们知道表扬很重要,但该表扬什么,如何表扬,却不知道。"

"孩子习惯了被表扬之后,会不会变得娇纵?"

"老是吹捧溺爱孩子,感觉不太好。"

像这样能够理解表扬重要性的妈妈们,同时又产生了别的烦恼。

"没关系,尽情地表扬你的孩子。这对孩子的人生没有任何坏的影响,不用顾虑。"

尽管我这样说,还是有妈妈将信将疑:

"真的没有关系吗?"

我就问她们:

"你在表扬孩子的时候,一定是感到了什么抵触吧? 知道是什么原因造成的吗?"

"嗯,会是什么原因呢?"

大多数妈妈都会被问得陷入沉思,然后我给了她们这样一句话:

"因为妈妈本身没有得到过自己父母的表扬。"

被我这样一指点，她们沉默了……过了一会儿：

"说不定是这样的，我一直想不起被表扬过。但您怎么会知道的呢？"

她们流露出惊讶的神色，我随后说道：

"因为你自身没有体会过被表扬的那种快感，所以才会在表扬别人时有抵触。试想一下，如果你每天被周围的人表扬，会在你的性格里形成什么问题吗？也许不但不会形成问题，相反会成为你每天更加充满活力的生活的动力，对不对？表扬的行为，对双方都会带来好的情绪好的效果。你没得到过你父母的表扬是非常遗憾的，以后你多表扬你的孩子就可以了，这对于你自身的心灵也会带来很好的影响，所以马上就开始这样做吧！"

尽管听我这样说了，妈妈们还是有一些不知为何的抵触感：

"但是，表扬也很复杂，怎么表扬才好呢？"

她们显得很困惑。

"确实，表扬也是需要技巧的，其实我也没有得到过父母的表扬，相反一直是被否定的孩子。所以我以前也在表扬自己孩子时感到了抵触，非常不善于表扬孩子的我，研究开发了表扬孩子的技能，我来做一下特别传授吧。"

听我这样一说，妈妈们的眼睛开始发亮，对着这些期待的眼神，我开始津津乐道：

"比如，当孩子画了一个什么东西后，会跑到妈妈身边炫耀：'妈妈，你看这是我画的，棒吧？'你们的孩子有没有啊？"

我问她们。

"有的有的，忙的时候就随便应付了事，看来这样是不对的吧？"

对这样回答的那位妈妈，我说：

"是啊，这时就应该表扬的。这时最重要的是，不要说其他没有关系的话，只需要重复孩子的话就可以了。孩子说了'妈妈，你看这是我画的，棒吧？'你只要回答'嗯，棒！'同样孩子说'妈妈，你看这个可爱吧？'你就回答'嗯，可爱！'这个时候的孩子并没有期望得到妈妈的表扬赞美，只不过对于自己的想法能被接受就满足了。而实际生活中就有很多妈妈会在这个时候犯下错误，一个劲地找了很多表扬赞美的词，结果反而变成一堆多余的话……孩子想听的话，却没有从妈妈那里得到，就这样造成交流上错位的事情不少吧？其实表扬教育也可以说成是，不否定孩子情感的教育，不用特意地表扬，只要能用语言接受孩子的情感，对孩子来说照样能得到充分的满足。所以**请千万记住，孩子想听的话，你只要像鹦鹉学舌那样说就可以了！**"

就这样，我把平时经常用的表扬孩子的方法讲授给她们后，她们脸上呈现出安心感：

"这么简单吗？那我也会啊，就是重复孩子的话呗，比如孩子说'妈妈，看我做得好吗？'那我就说'哟，做得很好啊！'这样重复就可以了对吗？"

得不到父母表扬，经常被否定的孩子，对表扬别人会感到强烈的抵触。还有对别人比较严厉的人，可以断定是有"很少得到父母表扬"倾向的人。

"勉强去表扬孩子，就反而有可能导致表扬教育法的失败。"

如果你感到表扬孩子很难，那就把孩子对你说的话重复，只要重复就可以了。孩子对于妈妈重复自己的话，一定会感到满足的。

3. 孩子也有孩子的压力

对孩子来说,家庭就是心灵修复的场所

走在大街上,注意窥视一下行人的脸就会感觉到:

"成人社会真是一个压力重重的社会啊……"

还有大街上到处都可以看到的那些按摩店以及写着"理疗"等字样的店牌,就可以想象身心疲惫的人满街都是啊。

然而成年人可以用跟朋友一起吃饭、喝酒来解除烦恼和压力,但孩子不像成年人,没有那么多的方法来解除烦恼。

"孩童时期的过度烦恼和压力,会对今后的人生造成很坏的影响!"

孩童时期经常被父母强迫做这做那的孩子,一定会形成过度的烦恼和压力。

- 夫妻关系不好的家长。
- 家长本身顶着很大的压力。
- 规矩颇多的家长。
- 强迫孩子去补课或学各种兴趣爱好的家长。

在这样的家庭里长大的孩子肯定抱有强烈的压抑感。来我这里咨询的家长当中,就有很多是因为孩童时期被父母搞得很压抑而造成的,诸如:

- 没精神,缺乏朝气。

- 畏于自我主张。

- 经常会感觉烦躁不安。

- 一听到父亲或母亲的声音就心情忧郁。

他们一直为这些问题苦恼着。

孩子也有跟同学朋友之间的关系啦、学习成绩啦等等的烦恼，如果家庭再让他们不得不承受压抑……那让他们到哪里去寻求躲避的地方呢？

"在外面遇到不开心的事，回到家能够得到安慰的话，就可以马上恢复朝气。"

在家里得不到安慰的孩子长大后，会以家庭内暴力或不良行为来发泄其沉积的压抑，或者被压力摧垮了精神的孩子，会把自己关在屋子里闭门不出。

过于考虑孩子人生的家长，想方设法让孩子学这学那的心情是可以理解的，但因此而造成孩子的心理压力就得不偿失。

"对孩子来说家庭是唯一可以释放压力的地方！"

这点请家长一定不能忘记。

4. 孩子原本就是不听话的

批评孩子时不能带着情绪

心情繁杂时，很容易对着孩子大声喊叫：

"要说多少遍啊！"

"不要乱来！"

"快点呀！"

……

其实我也多次有过对着不断重复同样错误的孩子，情绪急躁地大声嚷嚷。

然而，对着孩子大声训斥时，突然会感觉到：

"嗯？我这个样子……不是跟父亲对我发脾气时是一样的吗？"

连发脾气的方式和语言都跟父亲有惊人的相似之处。我父亲是那种用大声叫喊的方式来强迫孩子的人：

"烦死了，混蛋！"

我经常这样被父亲训斥。当然我的孩子们是女儿，我不会用如此粗鲁的语言，但也是很不好听的那种：

"啊呀，烦不烦！"

……

就这样大声骂孩子。

老是对孩子施加压力或想控制孩子的家长，他们的责备方式会造成孩子的心灵萎缩。究其原因，这些家长本身也是遭到他们的父母如此的责备，而造成了心灵萎缩的。

经常性地大声训斥，对孩子的心灵、精神都会带来非常不好的影响。

可是呢，那些自身有着被大声谩骂，心灵遭受到萎缩体验的人，成为父母之后，会习惯性地用同样的方法对待自己的孩子，这个习惯不那么容易改变，是可以理解的。但是对于这些家长，我希望他们能够感觉到的是：

"人有一个基本的共同点就是不喜欢被别人命令，哪怕是孩子也一样。"

自从感觉到这一点之后，我一直会这样想：

"孩子本来就是不听话的，那么我们做家长的就不要大声训斥，反复注意就好了。"

然而，当批评变得像录音机那样反反复复地进行时，我的想法也转换了一下：

"我就是录音机，对，我就做录音机。"

这样决定之后声音抬高放大的现象减少了。哪怕是自己的孩子，实际上也是不可能做到全部都能够理解的。

还有抬高音量之后，如果孩子还是不听的话，就会变得更急躁，一旦发展到动手，那问题就更糟。

所以，要坚持"我就是录音机！"

我觉得对于孩子的问题和错误，不妨保持淡漠的心情反复耐心地指出，这样更有助于建立双方的良好关系。

5. 尊重孩子的想法

过度保护不等于爱

被过度保护的父母养育长大的人，成为父母之后往往也会对自己的孩子采取过度保护的方式。

"外面危险，待在妈妈身边！"

"想做什么先跟妈妈说哦！"

"妈妈说不可以就不可以！"

像这样的母亲，刚开始你会觉得是"深爱孩子的妈妈"吧，然而爱过了头会对孩子的人生造成很坏的影响。那是因为你这样做就是在剥夺孩子主动学习"亲身体验"的权利！

孩子是通过小时候身边发生的各种各样的事情来学会生活的。比如，有狗狗对着自己叫了："汪汪乱叫的狗真可怕，不能接近汪汪乱叫的狗。"

像这样以自己的肌肤来感受外界的刺激，从自然涌现的恐惧感等情绪当中，学会判断什么是危险的，什么是安全的。

然而，如果所有的事情家长都抢先行动，剥夺了孩子的亲身体验，那么孩子就会变成只能以家长的标准来判断事物了。

"妈妈说了不行，那就算了吧。"

孩子对善恶的判断基准全部都来自于妈妈说的话。来我这里咨询的人当中，就有这样一位在母亲的过度保护中养育长大的人。

"小时候不管做什么决定，妈妈都要插嘴，现在长大进入社会，需要发表自己的意见时，总是无法把自己的意思传达给对方，想来想去我连自己是不是有自己的意见似乎都不知道啊！"

像这位咨询者就是小时候被家长剥夺了各种亲身体验的机会，长大后也就拥有了诸多的烦恼。

当然，如果孩子们有发生打架这样危险的事情时，大人是必须阻止的。不过大多数情况下如果并没有到很危险的程度，那让孩子们按照自己的想法去做不是更好吗？

"孩子是通过自身的体验来学会生活的。"

不要混淆爱和过度保护。请记住这是养育孩子的过程里非常重要的事情。

- 对家长来说听话乖巧的孩子,长大后就有可能成为只会看别人脸色而不会表达自我意见的人。
- 小时候很少受到家长表扬的孩子,长大后对表扬自己的孩子会产生抵触情绪。
- 如果不太擅长表扬孩子那就不用勉强,但是一定要注意尽量不要去否定孩子。

第 4 章

管教是什么？

说到管教大家会如何想？

- 教孩子遵守社会规则。
- 告诉孩子不去添别人麻烦的一些规定。

管教还真是各人有各人的做法，就是对于这个"管教"我产生了很多的疑问。

我作为生活咨询顾问，专门接受"亲子问题"的咨询，来我这里咨询的人里有不少这样的反映：

"我从父母那里承受了近乎虐待的管教。"

比如：

"不听话就给我滚出去！"

"那么多牢骚的话就不要吃晚饭了。"

"这次考试成绩好的话给你买×××。"

像这样利用家长跟孩子之间的悬殊地位来强迫孩子"遵守规定"的家长太多了！

追根溯源，这样的家长同样是受到了其父母以管教为名的强迫教育。

- 管教跟控制孩子的行为是两码事！
- 自己父母的家庭教育方法是正确的吗？
- 对父母来说有没有错把方便自己行为的规定当成是管教？

管教不是为了方便父母的行为，管教是为孩子的人生考虑而采取的行为，请不要忘了！

1. 5 岁以前的孩子不能训斥

建立依恋感情的重要时期

一直在父母大声谩骂训斥的环境里长大的人，自己成为父母之后，也会像自己的父母那样，对自己的孩子惯用施加压力、大声训斥的方法。最常见的：

"烦死了，蠢货！"

"老实点！"

"再不听话就揍死你！"

像这样不是用语言来传达自己的意思，而是以威胁来迫使孩子听从的行为，对孩子的成长是有百害而无一利的。

而且，从出生到 5 岁正是孩子大脑发育的重要时期。

在这段时期有过被父母以威胁的态度训斥过的孩子，长大之后这份恐惧感依然会一直留在记忆里，形成"心灵之刺"，它就是造成人生旅途中一直伴随着的那种痛苦的根源。

1 岁到 5 岁是一个人为生存下去所必须具备的"基本思考力"形成的时期。

在这段重要时期里"给孩子自由思考的空间"对大脑的发育能起到极其良好的作用，已经被近来的脑学研究家们发现。

这也是我自身在抚养孩子过程中感受到的，孩子从出身来到这个世界到 5 岁期间是跟父母建立"感情依恋纽带"的重要时期。

"还没有独立生存能力的孩子被父母的威胁行为所压制的话,会对亲子间建立感情依恋纽带造成很大害处。"

亲子间"感情依恋纽带"的建立,是在 5 岁之前决定的。

实际生活中我这样要求自己:

"在孩子 5 岁之前只要不是非常严重的状况,就不要对着孩子大声训斥、严厉管教,更没有必要发脾气。"

我自己就是那种从幼儿期开始被训斥谩骂的类型,因为心灵上留着被父母扎上的"支配之刺",所以一不小心就会不由自主地对着自己的孩子大声嚷嚷。

对孩子的行为总是喜欢多嘴干涉的我,要强忍住不对孩子发脾气是多么难。但是当看到孩子们长大后的样子,就知道自己的忍耐没有白费。从出生到 5 岁是影响孩子一生的重要时期,请一定记住这点。

特别要提醒那些自己小时候有过被父母叫骂、压制经历的家长,千万要当心!在万一要对着孩子大声叫嚷的时候,请马上告诫自己:"现在是孩子人生的重要时期!"

2. 绝不能打孩子的头

体罚是在孩子的心灵上扎刺

幼儿期孩子的头是绝对不能打的,请一定要注意并牢记!

大脑就是人的精密仪器,正如电脑那样的精密仪器经不起震动和外部的冲击一样,孩子的脑对于外部的刺激也是没有那么强的承受力的。

"给我老实点，啪～！"

大街上经常可以看到一些被父亲的巴掌打在头上时显得好可怜的小男孩，每看到这样的父子，我总是会想：

"那个被打的孩子真是可怜，打他的父亲小时候说不定也是经常遭到这样殴打的吧？"

有时候在网上可以看到这样关于虐待孩子的评论：

"过去的孩子是在家长棍棒下教育出来的，这也是一种教育手段，包含着爱，只要不导致受伤，一定的体罚也是可以容忍的。"

居然还会有留下这种引起争议的评论的成年人。

其实我也是在这样的家庭中长大的。虽然已经是很久以前的事情并且尽量想着不去在乎，但每每回想起来时，还是有一种抑制不住的愤怒情绪会冒出来。尤其是因为我每天都专注于研究亲子问题，所以对过去父母对待我的行为，就更加强烈地感觉到，那是无法原谅的事。

我对体罚是一概不能容忍的。因为**"体罚是用恐惧感来迫使孩子服从的行为"**，除此之外没有任何理由。这种用恐惧来胁迫孩子的做法即使是家长也是无法容忍的。

即使持有如此主张的我也对孩子动过几次手，不严格控制自己的话就会愈演愈烈，因为孩子一旦习惯体罚后，会变得不在乎，若要想再压住他就不得不增加体罚的刺激强度，造成恶性循环。

婴幼儿时期是大脑形成传播系统的重要时期。在这个时期，难道非要经常用冲击大脑的手段来迫使孩子听话吗？

"习惯了体罚的大人和孩子都会扭曲心灵。"

不知不觉就动手打孩子的家长，"你自己被父母打的时候是什么心情还记得吗？"请你回想一下那时候你所看到的父母的表情，给你留下的是什么感觉？如果还要认为"体罚也是父母之爱的表达方式"，那就请你别忘了,你的孩子还会像你打他那样再去打你的孙子的。

3. 不能用威胁到孩子生存本能的方法训斥孩子

恐吓孩子生命的做法使得孩子没有安心感

"那么多牢骚的话就别吃饭了!"

"不听大人的话就给我滚出去!"

"有本事你给我从窗口跳下去!"

用这样的语言叱责过孩子的家长必须引起注意了。

对大人来说不会感到有那么恐怖的语言,对孩子却有可能会造成一生都无法消除的心理障碍(心灵之刺)。

我就经常被父母这样威胁过。开始懂事后,有好几次都咽不下这样的语言,鼓起勇气冲出家门到朋友家避难。

我认为用这样的语言来叱责孩子的家长非常卑怯,因为这也是威胁到"孩子生存本能"的语言。

试想一下,如果你工作的公司上司对你说:

"业绩做不出来你就辞职吧!"

你听了会是什么感受?还有如果全职妈妈听到丈夫这样对她说:

"离婚吧,你马上离开这个家!"

她的感受会是怎样的?对孩子来说受到的毁灭性打击程度跟这些情况是同样的,请你注意!

"把衣食住作为胁迫孩子听话的条件来叱责孩子的语言等于是在孩

子心灵上扎刺。"

利用家长抚养者的身份,在孩子生存本能的不安心理上,使用千刀万剐似的叱责语言,无疑是"神经不安症"的发病原因。

这是父母和孩子之间绝对禁止的行为之一,不能不牢记!

4. 不去阻碍孩子是最好的管教

- 5 岁之前绝对不要训斥孩子。
- 尽量不用体罚的手段。
- 不能用威胁的语言跟孩子说话。

我举的这些例子都是"不能作为管教孩子"的方法。您觉得如何?阅读本书的家长中也许会产生这样的看法:

"那么放任孩子随心所欲,是不是会造成对孩子不负责任的放弃教育的状况呢?"

确实"放任孩子随心所欲"的意思一不小心就会被反过来理解成不负责任的放弃。但是我在这里要强调的是"尽可能地不要去妨碍孩子的自由意识"。

孩子当然也有自己的意思。

"想尽情地玩泥巴,玩游戏。"

"今天还不困,想再看一会儿书,看一会儿动漫。"

"不想吃饭的时候就不吃。"

……

大人不想做的事情，为什么到了孩子身上就非得按照大人的意思不做不行呢？

我小时候有过许多疑问，其中一个是：

"学校的包饭不能剩。因为是阿姨们用心为我们做的。"是不是有这样的说法？

还好我也有比较灵活的一面，假装吃着，偷偷找机会把多余的饭菜扒到饭量大的同学盘子里。可是不太灵活的同学一直到了午休的时间还在可怜兮兮地硬撑着吃完那份包饭。

孩子也有饭量小的，或是在家比较偏食的。但是这些都被无视，冠上感谢的口号要求全部吃完的意义在哪里呢？

社会上还有很多像这样不管对孩子的成长是否有利，而只是按照大人的意思在强迫孩子做的规定。

就像大人有很多喜欢不喜欢一样，孩子也有不喜欢的事

不过当今的社会跟过去大不一样，大人们的生活节奏变得越来越快，不可能完全依着孩子。作为家长，我自己也是知道的。

所以，平时要注意倾听孩子们的话，经常跟孩子商量家里的事，就显得很重要。只要家长能够好好回答孩子提出的问题，并且好好询问孩子问题的话，孩子也就会好好地回答。

"为什么一定要洗手、漱口？"

"为什么要去学校读书？"

"为什么孩子必须早睡啊？"

休息天,爸爸准备好笔记本跟孩子一起讨论这些问题,是不是会成为加深亲子关系的好机会?

"尊重孩子的意思,让孩子按照自己的意愿自由行动,跟放任不是一回事。"

不是一味地把家长的规定强加给孩子,而是跟孩子一起讨论、交流,在不断重复的过程中,孩子的独立人格就被得到认可了。同时孩子从家长认真倾听自己意见的态度当中,感受到的安心和信赖也是培养孩子和家长之间依恋情绪的纽带。

归　纳

- 对孩子的照料过于费心费神,孩子内心涌现出来的自发性的萌芽将会被剥夺。
- 在孩子的成长过程中,让孩子自己尝试着去做每一个阶段能够做的事情,在每天的生活里学会为了生存所必须掌握的本领是非常重要的。
- 严禁用威胁孩子生命的语言来叱责孩子的过错。尤其对幼儿期的孩子来说最最重要的是"安心感",剥夺衣食住行的语言会造成孩子的不安心感。

第 5 章

为育儿烦恼的父母们

为孩子的教育问题而烦恼着的家长真的有很多很多,那是因为在教育孩子的问题上不存在"……这样做,就好"的答案。

如今的时代也不是"孩子的教育只要交给妈妈一个人"这样的悠闲时代。

- 孩子们的玩耍场地不断被侵占掠夺,随便跑到外面就可轻松玩耍都做不到了。
- 社会、地区整体性地关心孩子的环境渐渐在失去。
- 家庭的核单元化使得教育孩子的负担集中到妈妈一个人身上。

跟我们的父辈时代孩子众人管的环境大不相同的现状是个很大的原因,妈妈们也在抚养教育孩子方面承受着很大压力。

本章以一位来找我咨询的母亲的烦恼为事例展开论述,希望能对您起到参考作用。

1. 老是会厌恶自己的育儿方法

不管怎么努力都得不到夸奖

"如何跟孩子接触才好都变得不知道了。"

一位 30 岁左右的年轻妈妈来找我咨询时这样说。

"我有一个 7 岁的男孩,非常健康活泼,从来不生病,在为孩子的健康成长感到高兴之余也碰到了困惑,孩子精力太充沛一点儿都不听我的话。就在最近全家外出的时候，临出门前他突然说"我想一个人留在家里"，丈夫对着孩子直恼火，我连哄带劝总算把孩子带出了门，到了外面就像刚才什么事都没有发生似的玩得很开心。对着孩子开心的样子我叹了口气：'呵，总算没事了。'可是一旁的丈夫看我叹气却突然不高兴起来：'我每天上班有多累，你每天待在家里的人，有那么累吗？还叹气？'我真是无语，这样的日子必须忍到什么时候啊？每天看着孩子和丈夫的脸色，已经累得不行了。"

看她真是累到极限的样子，眼睛毫无生气。

"是啊，真够辛苦的。尤其是男孩子随着年龄的增长行动会更激烈，妈妈在体力上也会慢慢跟不上的。听你说感觉你一个人承担了家里所有的事以及孩子的教育，你的父母或者周围有没有能帮到你的人呢？"

"我娘家就在开车30分钟左右能到的地方，但妈妈家里的事很多很忙，让她帮忙照看孩子比较困难，加上我父亲是个很难对付的人，为此我也不想麻烦他们。"

"是吗，那我想就你的家庭问几个问题可以吗？你可以在愿意回答的范围内回答。"

"可以的，没问题。"

"我想知道一些关于你小时候的事情，你小的时候感觉父亲是个怎样的人呢？"

"嗯……下班回到家，先泡澡，然后吃饭，吃完饭躺在沙发上看电视，看累了就去睡觉，就这样，我也不记得有跟他说过什么话。反正是个小时候连跟他说话都感到害怕的父亲。哦，记得我跟妹妹争吵时他会大声训斥我们'烦死了'。"

"是吗，那时候你妈妈在做什么呢？"

"妈妈就会带着害怕的神色跟我们说'爸爸生气了安静一点儿'。妈

妈表面上从不反抗爸爸,可是背地里经常跟我们叹苦经:'每天这样真是够了。''跟他结婚就没有开心的时候。'……我小时候曾经想'妈妈好可怜啊',但自己结婚以后,感觉好像是半斤八两。"

"是吗,真是蛮糟糕的。那现在他们的关系有没有改变呢?"

"爸爸因为年纪大了性格好像柔顺些了,相反妈妈的牢骚越来越多,或许是因为爸爸退休后待在家里的时间多了的原因吧……反正跟我没关系也就听过算数。这些跟我的烦恼有关系吗?"

"是啊,听了你说的很多事情,感觉到你自身的养育环境很有可能也是造成你现在这些烦恼的很大的原因,我再问几个问题,**对你来说,去依赖别人是不是一件非常困难的事**?不管什么事都自己一个人默默扛着,直到承受不了为止,有没有这种情况?"

"有的,被您这么一说好像确实是这样的。即使想着要跟丈夫商量的事也会不知不觉错过了开口的机会。孩子学校的事情想跟丈夫说说,可是看到他回到家时那疲劳的神态就不好开口了……也许就是这个原因,家里关于养育孩子方面的书越来越多,丈夫却还讽刺我说,你快成'育儿书迷'了哈。我都不知道找谁商量好,真是有一肚子说不出的委屈。"

"你丈夫也真有点儿作弄你的样子啊,我大概知道你的烦恼是怎么产生的了,这跟你父母有着很大的关系。你自己都还没有察觉,其实在你想要去依赖他们之前,就对他们不抱任何期待了。'期待也是白费'你对自己这样说,**对父母的期待已经从失望到了毫不在意**。不抱期待也就不会有失望,对不对?这样的家庭关系也影响到了你们的夫妻关系,是这样吗?"

"说不定是的呀,我从来都没有对父母任性过。相反看着妹妹跟父母撒娇觉得很讨厌。'又在卖弄风骚了',好几次甚至会这样想呢。对丈夫也说不定是在不知不觉中感觉'期待也是白搭'。您不觉得他太自我吗？什么事都往我身上推。"

"是啊，从事事努力的你看来，周围的人说不定都变成了作弄你的人呢，但是很遗憾，你的父母和丈夫有可能没有认为你有那么努力，对于你的烦恼更是谁都没有注意到。"

"是的，就是这样的，所以我不能原谅他们，以自我为中心什么事都推给我。我有时看着丈夫的样子心里甚至想'**我又不是你的妈**'。老师您说我以后该怎么做啊？"

"首先想办法让你的丈夫理解你现在的心情，不过这个办法应该注意的是，不要对你的丈夫有攻击性的行为，因为这个问题的原因并不是你丈夫，真正的问题是你的父母小时候没有允许你撒娇，老是把你当成大人来要求而造成的。这个问题对于你和你的孩子之间也会带来不好的影响，所以趁这个机会请好好考虑。"

"您是说我会把影响带给孩子吗？"

"**是的，在你的心底深处一直存在着对你父母没有从内心接纳过你的愤怒。这种愤怒不发泄出来的话是不会消失的**。还不光是不会消失，还有可能将这种愤怒转向孩子。比如你是不是有时候会对着孩子或你丈夫歇斯底里地发泄情绪？"

"嗯……确实有过，对孩子一直是小心着，对丈夫有时候就会火冒三丈地发脾气。丈夫总是想方设法避开这种场面，对我来说就更为压抑。难道我心头积压的东西都是来自我和父母之间的关系吗？"

"是的，你内心有一份期待，没有得到父母接纳的这种情绪希望能得到丈夫的理解。但是，你的丈夫是不能变成你的父母的，这一点你必须充分理解。本来你和你父母之间的关系是应该在当事人之间解决的，但是你觉得即使你把心底的这种愤怒情绪发泄出来他们也不会听，那是因为你的父母是那种不成熟的父母。所以你就不妨撇开他们不考虑,跟你丈夫好好谈谈,告诉他你的想法'**我不想成为我父母那样的人**',重要的是**重新建立自己的新家庭**。所幸的是,只要处理得好,跟你父母不用发生任何关系就能解决了。"

"老师,我该怎么做呢?"

"好吧,让我来告诉你这个好办法。"

2. 把情绪发泄出来

给你丈夫写信,要手写,创造沟通的机会

"首先,在他休息的前一天把信交给他。"

"信? 这是为什么?"

"是为了让你的丈夫倾听你心底的烦恼。也可以口头跟他说,但这样有可能会引起他的戒心。你丈夫中午是在外面吃饭吗?"

"是的,我为了忙孩子的事顾不上为他做便当,他都是在外面随便吃的。"

"这样的话,你为他做一次便当,别忘了在前一天先随便问一下他喜欢放在便当里的东西。"

"好的,但是他喜欢放进便当里的东西我知道的,不问也没关系啊。"

"不,不,这可是重要的步骤。即便已经是知道的也要问一下。'还记得学校去春游的时候带的便当里最好吃的是什么吗?'一定要这样问一下,在这个便当里把写好的信放进去再给他。"

（给丈夫的盒饭里放的便条是一种表达感情的方式。）

"知道了。那信里写些什么呢？"

"是啊，你看用这样的字眼儿怎么样？'老公，工作辛苦了。今天晚上孩子睡下后，有话想跟你说，一个小时左右，可以吗？'一定要把这张信纸放在便当里面，不要用电脑打，要自己亲笔写。"

"哦，知道了。"

"这样的话，他肯定会犯嘀咕：'嗯，我做错什么事了吗？''欸，不会跟我提要离婚吧？'等等说不定还会瞎猜想。先别管这些，他回家后，你还是像平时一样的态度，如果他要问：'你信里说的有话要说，是什么？'你就不慌不忙地回答：'等孩子睡下后再说。'"

"好像会很有趣嘛，老公也肯定要坐立不安的了。"

"就这样等孩子睡下后，你再开始说'其实我一直有一件事情烦恼着，你能听我说吗？这是关于我和我父母之间的事情'，这样开头的话你丈夫一定会松一大口气：'原来不是我们之间的事情。'……他这样想的话那就太好了，然后你就可以把跟父母之间的各种烦恼平心静气地告诉他。"

"把我和父母之间的什么事情跟他说好呢？"

"**可以说说对于父亲的自己的真实感受，在母亲面前不允许撒娇的那种悲哀的心情等等**；因此'我很不善于去求助于别人'等等。听你说这些话的时候，说不定你丈夫就能感觉到什么了。重要的是，心平气和地跟他说你和父母之间的问题，因为这些问题使得你在孩子的教育上经常烦恼，当然作为妻子应该怎么做才好也是你现在的烦恼。"

"好吧，不知为什么渐渐感觉到一丝丝的悲凉。"

"现在的你正在触及心底深处的那个部分，所以你感觉到了悲凉。**把这部分的悲凉发泄出来吧！**对这个样子的你，说不定你的丈夫会感到一些困惑，但没有关系，你现在最需要的是'**彻底扔掉忍耐的自己，通过**

肌肤来感受可以跟谁撒娇的那份安心感'。这件事成功的话,你从现在开始就能够做到对别人打开自己的心扉了。那样的话就一定可以轻松地面对人生。"

我看到坐在对面的她眼眶里溢出了泪水。

"什么事都一个人扛着,渐渐就失去了内心的从容,最后就把自己逼入窘境当中了。得不到父母的理解没关系,你有丈夫。如果一直像现在这种状况的话,你从父母那里受到的苦恼会移植到你自己孩子的身上去。让心底深处那份对父母的情绪借助自己丈夫的力量彻底发泄出来吧。之后的事情等到之后再提建议给你,先把眼前这件事情努力做好。"

3. 一直没有感觉到的自己的真实感情

父母的否定毁掉了孩子的家庭

"我按照老师的建议跟丈夫谈了。"

稍带着暗淡的神色,她坐在我面前开始述说。

"怎么样啊?好像不能接受的样子嘛。"

"是的,正如老师所说,那天丈夫比平时回来得早些,显得有些不安的样子。等孩子们睡下后,我把自己一直以来对父母的真实感情跟他说了。丈夫松了一口气,从头到尾听我说完后,给我的回答却让我吃惊不小。"

"他是怎么说的?"

"他说:'你已经是个做妈妈的人了,现在再来说自己的父母怎么怎么有什么意思呢,哪个家庭不存在亲子间的问题,大家都是逾越了这些问题而长大成人的,你也应该成熟起来才是。'被他这样一说我更觉得委屈……'丈夫其实也是不理解我的人。'越想越懊悔,那天晚上我什么都没说,睡到孩子房间里去了。"

"那是蛮糟糕的状况,不过这其实也是常有的,你丈夫毕竟不是这方面的专家,这点你就原谅他吧。只是你的感受我知道,花了那么多功夫让他听你诉说心声,这份情感却没能得到认可,这份懊悔是从内心涌现出来的。其实你知道吗? 这份委屈的心情跟你小时候对父母的那种懊悔是一样的。你是一直带着这种情绪长大的。不被父母接纳对孩子来说有多悲哀,我怎么觉得你的丈夫似乎跟你有着同样的经历,也是一个心灵有创伤的人。

'总是对别人多多少少持否定态度的人',可以肯定地判断他一定拥有被父母否定要比肯定多得多的经历。也就是说,你的父母以及你的丈夫都是跟你一样,因为经常被父母否定而造成的心灵创伤还没有得到愈合,自身就成了父母后又产生出了问题。然而,你是唯一对这个问题有所感知的人。如果在这里能够把这个问题解决了,那么你的孩子以后就不会再重复你现在的苦恼了。你和你的儿子能在这个世界上成为母子关系,说不定就是背负了解决这个问题的使命的哦。"

"这次咨询让我明白了,**我为什么总是避免跟人深交,那是因为不愿再受到伤害的缘故**。非常害怕对别人抱有的期待得不到回应时的那种失望。但是这次更吃惊的是,连丈夫都不能理解我……如何才能填补我这份失望感呢?"

"是啊,这样吧,有一个由我主办的聚会,来的都是跟你一样心灵有创伤的人,你也来参加吧,在那个聚会上你可以感受到许多以前一直都没有察觉到的内心深处的真正情感。"

"谢谢您,但我……我很不善于跟陌生人打交道的,没关系吗?"

"没关系,都是同病相怜的人,很快就会融入其中的。向别人袒露心扉是一件多么心情愉悦轻松的事,你可以切身体会一下。"

"好的。"

4. 亲子关系是人际关系的原点

父母流传给孩子的负连锁

"我去参加了您向我介绍的那个聚会。"

她的表情是那么明朗。

"怎么样? 是不是在这个世界上有着亲子烦恼的人比你想象的要多得多啊。"

"真的非常惊讶。有那么多比我的辛酸体验更多,以及跟我一样一直隐藏着对父母的真实感受而长大的人。"

"是不是心情轻松了不少? 被父母的刺扎伤心灵的人,大多数一生中都有着巨大的烦恼。**只要不消解从父母那里承受的伤痛,就一定会给自己和周围的人带去很坏的影响。最容易受到这份坏影响的就是孩子。**事实上很少有人意识到**虐待问题的背后,受的就是与父母关系的影响。**在这个世界上为什么无法根绝虐待问题,我认为原因就是没有对这个根本问题动手术。为什么这么重要的事情却得不到舆论的重视呢?"

"这是由于在日本的文化或者说是道德观念的背景里,有着否定父母是被视为禁忌的社会意识。还有,**否定父母就好比是否定了自身的主体存在,会被伴随而来的精神痛苦所侵扰。因此追究亲子问题从社会性来看也不是那么简单**。"

　　"但是,像我这样由于跟父母的关系导致在人生当中一直带着烦恼的人有很多很多,为了这么多烦恼着的人,将这样的事实诉之于众也是对社会有益的事情吧?"

　　"我是这样考虑的,所以不管社会上的人们怎么看,我都要以自己的方式去纠正那些错误的养育和教育孩子的方法,这既是为了孩子们的健康成长,也是为了拯救那些孩子的家长。"

　　"我对这个问题也是刚刚才引起注意不敢说什么大话,但是问题不光光是亲子间的问题,还会影响到夫妻关系,这也是我最近感觉到的。参加聚会的人里面就有受到丈夫暴力侵犯的妻子,**小时候被父母虐待或在精神上被压抑的人,结婚后往往会对妻子施加暴力性的态度和行为**,我听到这些真的非常吃惊。好像是叫什么'补偿行为'。"

　　"你说得很对,从父母到孩子然后又到孙子一辈,扭曲的心灵是会代代相传下去的。父母,还有父母的父母,心灵也许是被他们的上一辈扎上了刺,我把这种连锁相传叫做'负连锁'。这个负的连锁越不被重视,扭曲的程度就会越来越严重,等到发现问题,说不定整个家族都已经卷入负连锁当中,精神上的疾病或者虐待问题堆积如山,因此绝对不是一个可以轻视,更不是一个可以无视的问题。"

　　"真是一个恐怖的问题。如此重大的问题却从来没有人讲起过,这又让我再次感到惊讶。以后我也必须好好面对我跟父母之间的问题,为了不让我的儿子受到负连锁的影响,多多用心来对待。非常感谢您,老师!"

"不用谢,以前的你,因为没有得到父母的认可而产生的强烈不满转化为对他人抱有强烈的希望被认可的欲望。然而,现在你明白了,越是对这个世界或是对他人抱有欲望,结果就越失望,是不是? 所以现在你所需要的并不是'希望认可我',而是要为能够全身心地接纳孩子和丈夫去努力,如果做到了这一点,那么一直盘踞在你心头的对你父母的负感情就会渐渐消失。好好倾听孩子的话,孩子会不计回报地全面肯定妈妈。不仅仅如此,孩子不管遭到怎样对待都不会马上否定父母。对于孩子的这种美好心灵要能随时感受,及时肯定。孩子对母亲一直在无偿地倾注着爱……"

5. 关于补偿行为

父母的否定会在孩子内心埋下愤怒

我用以前一位咨询者的例子进行了阐述,大家是否理解了?

这一章里我们提到了"补偿行为和认可需求",这两个心理行为在亲子关系里也是非常重要的,下面我来作一些补充说明。

补偿行为

这位来咨询的女士,内心深处抱有"希望得到父母认可"的情感需求,然而她的这份情感需求还没有得到满足,自己就成为了母亲,这份没有得到满足的欲望在不知不觉的日常生活中发泄到了丈夫身上。

像这样不能把需求欲望寄托于原本的对象身上而转向没有关系的

第三者的行为我们叫作"补偿行为"。

事实上,像这样有亲子关系问题经历的人,很多都会在不知不觉中做出补偿行为。

补偿行为会表现出类似下面的一些特征:

- 经常因为情感得不到满足而变得苛刻。
- 对他人持否定态度的言行比较多。
- 事情没有按照自己的愿望进行时会很烦躁。

老是被父母否定,得不到认可的孩子带着这份怨气长大后,很容易将内心深处的这份怨气不知不觉地发泄到没有关系的人身上去,像前面出现的暴力行为的例子就是这种补偿行为的结果。

内心包裹的怨气不能对着父母发泄,慢慢变成怨恨,结婚成家后就把这怨恨的矛头指向了丈夫和孩子,就这样由亲子间的关系连接,开始了负连锁的悲剧。

虐待的本质,就如补偿行为是以"负连锁"为背景那样,我们若能知道其原因就能找到防止的方法。

"由愤怒憎恨带来的伤痕,需要向造成伤痕的当事人讨还,不然就得不到真正的愈合。"

从父母的行为里感受喷发出的愤怒和憎恨的情感即使向旁人发泄了,也是得不到消除的。不仅如此,这份怨恨如果冲着孩子发泄了,那个孩子的内心很有可能也会像他的父母那样积累起怨恨,总是通过补偿行为对周围的人抱着攻击性。

6. 关于认可需求

家长的否定对孩子来说是莫大的压抑

"希望别人接受自己的存在!"

无论是谁都会在内心有这样的需求。能够把这种情感变成正能量的人,在其一生中会留下很大的成果。

这叫"认可需求"。

然而,这种**认可需求一直得不到满足的话,会成为心灵扭曲的原因**,请一定不要忘了这种情绪当中孕育着导致巨大问题的危险性。

"父母一点都不懂我的感情。"

"丈夫(妻子)总是对我不认可。"

"能理解我的朋友一个都找不到。"

像这样因为得不到认可而产生的压抑越来越严重的话,内心的孤独感和虚无感就会越来越膨胀,就会把矛头指向比自己弱的对象。

"我怎么会把情绪对着孩子。"

"老是对着孩子严厉训斥。"

"我还动手打过孩子。"

……

在妈妈的这类行为的背景里,可以肯定,一个很大的原因就是认可需求没有得到满足。

刚才说到的那位咨询者在话里也提到,因为成长期"没有得到父母的认可"而导致了以后自己家庭内发生了很多问题。其实后来得到证实的是，那位丈夫跟她一样也有着许多心灵问题。"想得到别人认可的欲望越强烈的话，造成家庭内出现问题的危险性就越大。"

控制认可需求，是建立亲子关系和平稳家庭的重要基础，请一定要好好地理解。

还有不能忘记的是，孩子总是对父母抱有"认可自己"的强烈愿望。**满足孩子想被认可的需求是孩子人格形成中非常重要的因素。**

孩子努力了就认可孩子的努力。没有必要过分地表扬，孩子纯真的想得到评价时，就给予肯定的评价，这样就足够能满足孩子的心愿了。

归 纳

- 使孩子心灵安定的必要因素是家长的心灵安定。家长心灵不安定，孩子的心灵也会不安定。

- 家长和孩子都喜欢被人表扬，试着在家庭中形成互相表扬的习惯。

- 家长感觉不到自己心灵扭曲的话，扭曲的心灵就会传染给孩子。自己的心灵有没有扭曲要时常确认。

第 6 章

何谓考虑孩子的将来？

我曾经问过来我这里咨询的妈妈们：

"你有认真考虑过孩子的将来吗？"

被我这样问的妈妈们都会回答：

"当然啦，作为母亲比谁都要考虑孩子的将来啊。"

"那么，为了孩子的将来你做了一些什么呢？"我又追问道。

"嗯……让他们上私塾……还有……"

不少家长会为此流露出困惑的表情。

"你如今的人生都是以你自己的意愿走过来的吗？如果都是按照你自己的意愿走到今天的话，这个问题就不难回答。"我这样接二连三地继续问道。

"自己的人生'以自己的意愿生活'是指什么呢？"

也有家长这样反问我。

在支配型或者过度保护型的父母跟前长大的妈妈们对"以自己的意愿生活"的意思还没有完全理解，自己就成为了家长，由于这个原因，他们在育儿中就会产生为此而烦恼的亲子问题。

这个类型的妈妈们的特征是：

- 非常注重面子。
- 把自己的世界观强加于孩子。
- 看不到孩子本身的状态。

是不是非常明显地存在以上的倾向？

在不强加的前提下考虑孩子的将来

把家长认为的理想人生强加给孩子，真的就是对孩子的将来好吗？

还有,家长的价值观就一定能引导孩子走上幸福的人生道路,或者说是能为孩子的幸福人生起到什么作用吗?

"口口声声为了孩子,只不过是把自己的价值观强加于孩子而已,难道不是吗?"

好好观察孩子的成长,时时问问自己,也是非常重要的!

1. 真是为了孩子吗? 还是为家长自己?

"要孩子考上好的大学。"

"希望孩子在好公司就职。"

"希望孩子跟(家长认为的)优秀出色的人结婚。"

世上有很多这样对孩子抱有期望的家长。

注意了,对孩子抱有强烈期望的父亲(母亲),在自己的亲子关系里,存在着**"小时候有过扮演好孩子的经历"**的特征。

在不知不觉中被自己的父母刻上了"孩子不能辜负父母的期望"这样的固定观念,因此又在不知不觉中自己也成了对孩子强加这种观念的家长。

- 在少子化问题被视为问题的当今社会,对学历的拘泥难道真的是为了孩子吗?

- 在终身雇佣制度渐渐崩溃的当今社会中,即使在优良企业工作,对孩子的人生究竟又有多少意义可言呢?

- 作为成年人的孩子想跟自己所爱的人结婚,家长又有什么理由反对呢?

来我这里咨询的人当中有这样一位男士。

"一直听从父母的话，为了考上好大学，强忍着玩的念头拼命读书，终于考上了。然后又为了能在世人认为的好企业就职，拼命应聘，终于如愿以偿进了让父母为之喜悦的企业工作。但是我却一点都高兴不起来，经常在想'我究竟是为了什么而活着的'这样的问题，不知如何跟公司里的人相处，每天早晨去公司上班成了一件很痛苦的事。可是我的母亲对处于这种状况的我竟然还说：'你应该有一位配得上你学历的女朋友了，妈妈帮你找呗。'说实话，最近我非常反感她，真想对她说：'请你不要再干涉我的人生了。'我该如何是好？越是按照父母的意思做就越感到自己很不幸。"

像他那样为了满足父母的期望而一路走过来的孩子，同时也背负上了人生的苦恼。

那是为什么呢？

"原因是他已经成了像被父母操纵的玩偶"，那是他为了不辜负父母的期望而**扮演**了好孩子的结果。

本来，孩子应该拥有属于他自己的自由意愿。

"想成为棒球选手啦！"

"想做歌星啦！"

"想成为能做一手美味菜肴的烹饪师啦！"

……

妈妈们小时候也有过这样那样的梦想吧？当然那些梦想和愿望不一定都能实现，而且只是孩提时代的愿望而已，随着年龄的变化很容易改变。

但那是当然的事情，孩子是通过自己的各种体验在创造自己的人生。

对于孩子的这种自由意愿不去关注，把自己的价值观强加给孩子，难道那是对孩子人生有利的事情吗？

我询问前来咨询的那位男士：

"你对于本来应该自己考虑和去做的事却被父母剥夺了这个事实开始感觉到愤怒，对不对？"

"是的，说不定是这样的吧。其实我也很困惑，我一直没有对父母产生过这样的情绪，这种情绪是不是……愤怒，说实话我也不清楚。我可能活到现在连喜怒哀乐都不懂。这样想的话，就越发不能原谅父亲和母亲，我该怎么办呢？"

他带着悲哀的神情开始向我坦露心声。

"不用着急，**从现在开始培养**自己喜怒哀乐的情绪就可以了。不过有一点很重要就是以后对你父母不要再掩饰你的真实感情。如果再掩饰自己的真实感情的话，那么以后的人生都有可能被你父母剥夺。对于自己现在的情绪没有必要有罪恶感，**现在的你只要真实地面对自己的真实感情就可以**。还有……自己的人生答案要靠自己去寻求。哪怕那样得不到好的结果也无妨。因为你已经知道了你父母给你的答案是不能满足你的愿望的，对不对？"

我为他做了这样的分析。

他想起了小时候一直忍着的一件事，他似乎非常喜欢那件事，常常会忘我地沉醉于其中，那件让他忘我的事是"塑料模型"。

他小时候有过被父母禁止的体验。"现在不是玩这个东西的时候。现在要好好努力，长大后想玩什么就可以玩什么。好好用功读书吧。"就这一句话，令他放弃了对塑料模型的爱好。

但是后来有一天他跑来告诉我，他现在已经成为塑料模型爱好者里的佼佼者，他的创作水平得到大家的一致好评，他当时说这番话时的表情给我留下鲜明的印象。

他笑着说：

"从今往后自己的事由自己来做主。做父母的乖乖儿就到此结束啦！"

"对父母来说，越是听话的乖孩子越有可能是在忍耐着。"

怎么样，你也好好观察一下你的孩子吧。不要像刚才那位咨询者的父母那样成为自己孩子苦恼的原因。

2. 孩子其实一直在关注着家长

孩子是能识破父母的谎言的

有一位咨询者这样对我说：

"我小时候经常听到父母说'因为有你们所以才不离婚的'，尽管我还是孩子却在想：'你们想离就离吧有什么关系？比每天看你们吵架要好多了。'暂且不说每天在孩子们面前的大吵小闹，看到他们在外人面前假装好夫妻的演技真是受不了。他们以为孩子什么都不懂那就大错特错了。父母的关系好还是不好做孩子的都知道。对他们各自的弱点也是看得清清楚楚的。"

他满脸带着怒气地说着。

我也有过跟咨询者同样的感受和想法。

"不会是为了孩子才不离婚的",我自己长大成人后,再考虑这个问题时感觉到这种父母在"为了孩子"的借口背后隐藏了各种各样的原委。

- 父亲对母亲存在着依赖心。
- 母亲对自己的经济状况不安而不得不依赖父亲。
- 父母自身的社会性。

口口声声说为了孩子,实际上是他们自己的问题令他们无法下决心而已。

孩子对父母的这种欺骗和隐瞒其实是早就看破了的。在一个家庭里,父母欺骗和隐瞒孩子,孩子的心灵肯定会大大被扭曲。

"在这个家里到处是谎言,什么都不可相信。"

父母的蒙骗会在孩子的心灵上扎上一根不相信这个世界的刺!

幼儿期的孩子跟成人比较,要把内心的情感表达出来还是比较难,但这并不表明他们对成人世界的事不能理解。尽管他们还不知道离婚制度是怎么回事。

"爸爸、妈妈当中,要跟其中一个分开生活。"

这个状况是能通过感觉而理解的。

孩子对蒙骗的理由以及不得不在乎社会性什么的背景是不知道的,所以对两个关系不好的人为什么要在一起生活是不能理解的。

当然不会有哪一个孩子一开始就希望父母离婚的,父母之间老是一触即发,整个家庭充满紧张的气氛,孩子心头的压力会越来越大,行为语气也会变得粗暴起来。

父母对孩子来说也是"**人生路上的第一个榜样**"。

这个成为榜样的家长在家里越是说谎,就越有可能使得孩子这样认为:"在生活中,说谎蒙骗都是需要的啊。"

　　世界上有多种多样的夫妇,这点我自身也是理解的。生活中不会全部是美好的事。但是,只要对"父母的谎言会使孩子的心灵扭曲"有充分认识的话,就能对作为家长的自己以及如何处理夫妻关系认真考虑,用心对待了。**孩子的眼睛能看到父母的内心**。请不要忘了这点。

3. 父母过分忍让会使孩子的人生迷乱

父母的诅咒般的语言会束缚孩子的人生

　　我的父亲经常这样说:

　　"想使婚姻生活美满,男的就得多忍让。"

　　听到这种说法的妈妈们说不定都会竭力反对的:

　　"说什么呢,你要觉得是男人在忍让就大错特错了!"

　　以前我对父亲的这些话没有什么怀疑,也曾盲目地服从过。然而,越是回想起当时的事情就越会涌出对父亲的愤怒情绪。

　　"我怎么忍让,家庭气氛还是那么沉闷。"

　　父亲好像是想通过忍让的方法来维持夫妇关系及家庭形式吧。然而他说是这么说,实际上却一直对着家里的人发泄着自己的情绪:

　　"你们都是靠谁在养活啊?"

　　借着酒后发疯的劲这样恫吓家里人。我从小看着他那恫吓的样子,心里就会想:

　　"怎么搞的,一点都不是忍让的样子嘛?"

还是孩子的我就已经会这么思考了。

可是,不可思议的是,如此讨厌父亲那副模样的我,结婚后不知不觉竟然也有好几次跟父亲一样,平时忍让着,一喝酒就开始对着家里人露出粗暴情绪。(只是没有像父亲那样以经济背景为武器来恫吓家里人。)

我认识到自己的那副样子有问题,然后就寻找原因并努力加以改正。在寻找原因和改正的过程中有几点感受与大家分享。

"父母对生活的态度是会不受自己的意志控制而渗透到孩子的心灵当中去的。"

我就是在认真思索、寻找自身问题时发现了与父母间存在的这种关联性,然后开始关注起自己与父母之间的各种问题的。

在这当中发现了一个恐怖的事实:**"不论好的还是坏的,父母的想法都令人吃惊地被孩子吸收到自身当中去了!"**

刚才我也说到了,我对小时候看到的父亲喝酒后对家里人发泄不满的样子是非常讨厌的:

"我才不想成为那样的人!"

我发自心底就是那么想的。然而作为成人的自己,回过头来回想一些事情时,发现竟然做了很多跟父亲很相似的事情。

"父母束缚性的语言对孩子的人生影响很大。"

跟父亲一样我也认为在"婚姻生活中忍让是最重要的",因此一味地把父亲的这句话用到每一天的日常生活当中,可是当时的我也像父亲那样并没有坚持做到忍让。

就这样在自己内心产生的纠葛当中发现"是我自己要忍让的,却把这种忍让的代价无形当中在要求妻子支付",这不是我自己的问题吗?

尤其是那些有过被父母强迫经历的孩子,一旦自己成为父母,很多的不满情绪积存于内心,因此常常会在内心深处感觉到烦躁不安。

事情没有按照自己的意愿进行时会感觉到烦躁是个问题，相反过分忍让也会对身心造成很坏的影响。

"孩子对父母内心不健康的部分看得很清楚"，了解这一点也非常重要。

4. 如何扩展孩子的可能性

世界上大多数父母都在内心祈祷：

"希望孩子能够走一条自己喜欢的人生之路。"

难道不是吗？

曾经有一位父亲对我说过他小时候的一次经历：

"我小时候对历史书籍非常感兴趣，经常缠着父母给我买那些喜欢历史的大人们才看的书，但是，母亲以一个理由为借口不给我买。那个理由是'太贵了'。我到现在都记得那本书大概1500日元。书本身并不算太贵，在从来不看书的母亲眼里那本书就显得特别贵了。如果那个时候母亲给我买了那本书，说不定我就走上了自己喜欢的人生之路。遗憾的是，由于母亲没有看书的习惯，导致我也不知不觉将自己的愿望埋藏到心底里去了。"

像她母亲那样**"对自己不感兴趣的事就毫不关心"的家长养育出来的孩子，变得常常要看父母的脸色行事。**

"父母喜欢的事说不定就能得到许可。"

就这样把父母的愿望当作自己的人生目标来考虑了。也就是说，成了"随父母的意愿而活着"的孩子了。

被自己父母在内心扎上放任不管这根刺的孩子,成为父母之后对自己的孩子也会在不知不觉中扎上放任不管的刺。

对自己不感兴趣的事从不显示出关心

这是被放任不管的刺扎伤的家长的特征。

事实上,刚才的那位父亲,我后来又问了他很多其他小时候的事,"确实母亲从来没有管过我的学习,不仅如此,她平时几乎对我做什么都不感兴趣。父亲是一个只顾工作的人,回到家吃完饭就睡觉的那种类型。母亲就老是对父亲表示不满。在我看来他们是半斤八两。"

看来确实不是好好考虑孩子教育的父母。

小时候有过许许多多被好奇心刺激体验的孩子,"长大后被称为专家"的可能性很大。我周围那些说话很有趣,并且在各个领域被称为专家的人都有一个共同点:"在孩童时期有过对某些事情非常专注的体验"。

由此我这样推论,小时候体会过**"沉浸于某项事物时很快乐"**的人,长大后对其中感受到的刺激和快感是不会忘记的,这种体验如果能在日后的工作中得到活用的话,就能成为在世界各领域得到肯定评价的专家了。

让孩子的人生发出光辉

被放任不管或者老是看父母脸色行事的孩子,有可能会在不知不觉中被父母剥夺了人生的种种可能性。

保护孩子的好奇心也就是"扩大孩子的可能性",是使孩子的人生走向辉煌的第一步,请家长们千万不要忽视了。

5. 想离婚就尽管离！

有这样一位来咨询的妈妈：

"我在考虑离婚。但是父母反对说'孩子成人之前你就忍一忍吧，结婚就是这么回事，你还是忍受性不够'，被他们这样一说我就动摇了。但是每天看到丈夫的脸就感觉到痛苦不堪，我该怎么办呢？"

我对她说：

"我能理解你的心情，每天都过得非常不开心吧？那你丈夫是不是有暴力行为或是不工作、借钱赌博等坏习惯啊？"

对我的问题她回答说：

"那倒不是，工作很认真，也不赌博。好像也不是那种有债务的人。只是我也说不清理由，就是跟他在一起觉得很痛苦。**想到要跟这样一个毫无趣味的人生活一辈子就觉得无法忍受。**"

我对这位咨询者是这样开导的：

"你有没有意识到自己的内心一直抱有很大的问题啊？现在通过你丈夫以及你的父母，你内心的这个问题正在浮现出来。"

她显出非常惊讶的神色：

"是我有问题吗？对不起……我不能理解啊。"

她有点儿坐立不安起来。

"不管离不离婚，你刚才说的那些话里存在着几个你自身的问题，有没有意识到？"

"没有，我没有意识到啊？"

"首先,你不能不意识到你对别人有着很强的依存心。你说开始跟父母商量想离婚时遭到反对后你就动摇了。这是为什么呢?"

"嗯……这个嘛……"

"如果你真的是考虑要离婚,那么父母怎么说你也会那样去做的。相反会说服父母并且坚持自己的主张。但是你却因为父母反对了一下马上就犹豫了,这么薄弱的意志,以后即使得到孩子的抚养权,也无法好好保护孩子的,只会使孩子痛苦。

第二,你说你的丈夫是一个毫无趣味的人,这也是一个问题。你丈夫不是为了取悦你而活着的。他用他的方式为生活而拼命努力着。相反对你丈夫而言你是一个有魅力的女人吗?想从别人那里获得乐趣,完全是由你的不成熟带来的错觉。'想要自己的人生快乐,就得靠自己的力量'才是最重要的。因为你把它寄托在别人身上了,所以才会口吐不满。相反你不妨试图让你的丈夫感受到生活中的快乐,这样他说不定就会慢慢改变的。

再怎么祈求,别人都是不会按照你的想象而变化的。别人没有符合自己的想象时就烦躁不满,还不如审视一下自身。要认识到'**改变自己比改变别人更重要**'。对我的话你也许感到非常震惊,希望你能明白的是,对你来说,现在正是处于认识自己的重要的过程当中,这一点有没有感觉?"

我一改严肃的表情,对她微笑着说。

"不知怎么……脑子还是乱乱的,但自己有问题好像已经意识到了。正如老师所说,我老是去期待别人,得不到回应时就会表现出不满意,说不定就是因为这个坏毛病,我才经常烦恼的吧?怎么感觉好羞愧哦。"

"没关系。你如果是一个光是把责任转嫁给别人,毫不在意自身问题的人的话,我就不说这些了。其实,并不只是你一个人的问题,你的父母会不会也是那种在你面前发泄对对方不满情绪的父母啊？"

"是这样的。**母亲就老是对着父亲发牢骚表示不满的人。**"

"你的母亲也是跟你一样老是对别人抱有期待，得不到回应时就很失望，然后总是对着你发这些牢骚。看看父母就知道了吧？**对别人抱有期待一旦得不到回应就发泄不满的样子，在你一个孩子的眼里是如何看的**？把这个问题好好想清楚之后，想离婚的话就离吧。夫妻就像镜子，'通过对方可以看到自己'。请一定不要忽略了这一点。"

"谢谢您，我会好好地考虑这个问题。"

咨询者带着稍稍解脱的神色回去了。

期待别人，得不到回应时就发泄不满情绪的人

这样的人在这个世界上有很多很多。

"没有一个人是为了取悦别人而活着的。只是自己做着开心的事而已。"

这位来咨询的妈妈，因为重叠了她母亲的样子使她意识到存在于自己内心的问题。如果她听了我的话之后仍然把责任转嫁给别人的话，那么她之后的人生也会充满痛苦，跟她的孩子之间也会生出许多的不和。

考虑"对别人依存的问题"，对做父母的本身以及孩子来说都是很重要的事情。

"在生活中尽量不去依赖别人。不过，如果遇到能应对你的期待的人，那可真是非常值得感恩的事。"

作为家长，作为成年人都应该把这个道理铭刻在心。也要把这个道理教给孩子。

- 孩子不是为了实现家长的期望而存在的,孩子是为了实现自己的愿望,而来到这个世界的。请一定不要弄错!

- 把父母的价值观强加给孩子,对孩子的人生会造成很大的不幸。孩子的幸福是由孩子自己来考虑的事情,请一定不要弄错!

- 对配偶常常抱有期待的家长也会常常揣着不满的情绪。因为是配偶就应该满足你的期待,那是没有道理的想法。自己的愿望要靠自己的努力去兑现,请一定不要弄错了!

第 7 章

孩子的问题行为

来我这里咨询的人里面有这样一位年轻人：

"我感觉越是听父母的话就越被社会孤立。"

他25岁之前一直躲在家里闭门不出，某一天突然像逃跑似的从家里飞奔出去，现在以打工谋生，过着独身生活。

另外，为已经是中学生的孩子的家庭内暴力行为而烦恼的妈妈们的话也听到很多：

"到小学为止一直是个温顺的孩子。倒不是自吹自擂夸自家的孩子，真的是一个好孩子。"

也有起初这样说孩子的母亲，当我帮她分析道：

"这位妈妈，你儿子的行为不是什么问题行为，心理是正常的。"听我这样说，她却突然生起气来，开始不停地说儿子的坏话。

"孩子的问题行为，很有可能是家长的问题。"

但是很少有人是这么看的，不可思议的是连媒体也很少从这样的角度去触及这个话题。为什么老是用孩子有什么什么问题这样的语气来讲这个话题呢？

孩子是以父母的养育方式而成长的。

我听过许许多多带着问题的家长的倾诉。当然并不是说所有的责任都在父母方面，但是，

"是因为父母以自我为中心把孩子卷入了他们的生活模式中去，才使孩子烦恼不堪的。"

我在心里会情不自禁地嘀咕。

本章将通过介绍几个事例来阐述孩子的问题行为。

1. 闭门不出的孩子是何心情?

来我这里的咨询者当中,有闭门不出经历的人越来越多。

与这位咨询者初次见面时,感觉他是个很认真、一点都看不出带有什么问题的人,仔细听他说完之后就会感觉到有一种被什么东西卡住似的不自在。

这种不自在的东西到底是什么?

那是"样子像大人的孩子"!

我基本上是仔细地倾听,直到对方的情绪稳定下来,像以往一样我在仔细倾听他的话时随便插进去问了一句:

"对了,你今年几岁了?"

"哦,今年 45 岁了。"

对他的回答我着实惊讶了一番,无论是所说的内容,还是容貌,怎么看都像是 20 多岁的样子。

"他的心理在某一个时间停止了成长,只有身体长成了大人。"

是什么原因使实际年龄和看上去的外表有如此大的差距呢?

在继续倾听他的叙说之后我找到了答案。

被扭曲的父爱母爱剥夺了人生的孩子们

有着闭门不出经历的咨询者所具有的共同点:

"一直听从父母的话活到今天。"

"活到今天一直认为父母是对的。"

"不管什么都是由父母来决定的。"

他们面无表情地说道。

有一天，一位也有闭门不出经历的男士来到我这里：

"总感觉有什么不对劲，从家里搬出来了，但是到现在都没搞清哪里不对劲，影宫先生，你说我究竟是哪里不对啊？"

他带着真切的神情对我诉说着。

"你，被你父母夺走了一样东西，这东西是什么知道吗？"我问他道。

"不知道。我从小就被父母这样教导：'听父母的话做一个优秀的好孩子。'可是，现实却不是这样，总感觉越是听父母的话越是跟社会不合拍。我到底是做错什么了？"

对于他的诉说，我先这样问他：

"不是你做错了什么，说不定是你的父母把错误的东西教给了你，你有这样考虑过吗？"

"原来是这样……就是觉得哪里不对劲，到没有想过会是父母的原因。**从家里搬出来好几年了，一想到父母，心里就乱哄哄的不是滋味。但是这乱哄哄的是什么我一直不清楚。**"

这时，他才终于开始对自己的真实感情有所意识。我继续对他说道：

"你一直在被你父母剥夺'自由思想'，现在你终于感觉到并且萌发出愤怒的情绪了。跟朋友之间搞搞恶作剧啦，在家长看不到的地方开开玩笑啦……在成长过程中必须的一些体验都被你父母给剥夺了。孩子也有他的'自由思想'，你父母却没有理解这一点。他们没有好好地观察你的个性，一直在把他们自己的价值观强加于你，这是造就了现在的你的最大的原因！"

我试着把我的观点传达给他。

"怎么感觉好恼火。是这样的。他们老是跟我这样说：'现在好好努力的话，长大后想怎样就能怎样。相反现在不听大人的话老是做喜欢做的事情，那么长大后就要吃苦。'但是我不明白为什么听他们的话一直拼命努力的我现在长大了还是要吃苦呢？看到一起打工的其他年轻人很愉快地谈笑风生，我为什么会没有这样的体验，老是孤独的一个人……"

从他的表情里我看到了压抑已久的对他父母的那份愤怒。

"你把现在的愤怒情绪跟你的父母碰撞一下怎么样？只是你不能期待你的父母向你道歉或要求他们理解你。你的父母固然有错误的地方，只是他们是否有所意识呢？对你所倾诉的罪状很大可能会回避责任的。尽管如此，对你来说你要将现在的想法跟他们开诚布公地交谈是最重要的。你的父母说不定也是被他们的双亲强加了错误的爱，而造成了对你的错误做法，这个错误如今清晰地浮现在你的人生当中了。

没有必要再服从你父母了。以后的你可以按照自己的意愿生活。也许你会觉得现在才要我按照自己的意愿，一下子叫我怎么做啊……没关系，**把你的想法好好地传达给你父母，然后从他们的支配中毕业！** 不用担心，**失去的时间从现在开始补回来就可以了。**"

后来他把自己的情感跟父母碰撞后，勇敢地跳出了一直被父母支配的生活。

被张冠李戴的父母之爱

有"闭居"经历的人当中，还有被父母的这样一些扭曲的爱而夺去人生的：

"只要考上好学校就能获得自由自在的人生。"

好好听着啊，只要能考上好学校，人生就能活得自由自在

然后，只要能进入好公司，就能过上好的生活

也就是说，只要做个听话的乖孩子，就能有幸福的人生

"只要进到好公司就能有一个幸福的人生。"

"只要做乖孩子就能幸福。"

有"闭居"经历的人就是这样，**单纯地相信父母的话，为了实现父母的期待拼命地努力，然而越努力就越像是被社会孤立了。**

我也接受过为"闭居"孩子而烦恼的母亲的咨询：

"已经闭门不出有好几年了，有时丈夫出面管一下的话，还会做出暴力性的激烈反应。以前一直是个好孩子的呀……"

我对这样的母亲提了一些问题：

"这位妈妈，孩子为什么会躲在房间里闭门不出，你有没有认真地想过原因啊？"

来咨询的妈妈这样回答：

"大概是学校里的人际关系发生了问题吧？我家的孩子是一个性格比较内向的人……"

这位母亲没有意识到自己孩子"闭居"是源自他们夫妇的问题。

"这位妈妈你有没有好好倾听过孩子的心声？是不是一直单方面地把各种各样的事情强加给孩子的？你要知道并不是一味地听从父母话的孩子才是好孩子。**真正健康的孩子是不大听从父母的话的。**因为孩子也是有他们的自由思想的。另外"闭居"这一问题也不单单是孩子的问题，你们夫妇存在的各自心理上的扭曲，通过孩子的行为表现出来的可能性也是很大的。要是真正为孩子着想的话，那就得先从根本上正视和解决你们夫妇的问题。跟你丈夫推心置腹地谈一次怎么样？要解决孩子的问题就必须从你们自身开始。"

那位来咨询的妈妈对我突然这样单刀直入地指责毫无心理准备，显得非常惊讶。

以我的经验，对孩子的问题行为能够承认其原因来自于父母的家长还真是不多。

"我们夫妇对孩子的培养教育一直是非常重视的。"

"我也是尽心尽力地在照管孩子。"

"为什么我要受到如此的责备啊?"

确实这位妈妈的感情我也是能够理解的。第一次做母亲从一无所知开始,带着各种困惑和烦恼拼命努力过来,还要被指责……一定是这样想的吧?

然而,**由于父母本身被某个心灵问题所长期困扰,以至于扭曲了心灵,是这个原因影响到了孩子,最终导致了孩子闭门不出的现象**。听听孩子们是这样说的:

"口口声声为了孩子为了孩子,其实只不过是把自己的意思强加于孩子罢了。我可不是为了父母而活着的。"

"父亲对家里的事不闻不问,母亲对这样的丈夫一肚子的牢骚……现在想来这样的父母说的话不可能是正确的,但那时因为是孩子还不懂。"

孩子所引发的问题行为里面肯定隐藏着来自父母的原因。不能把这个问题仅仅看成是孩子的问题,首先应该从父母应有的状态来重新思考认识。

2. 家庭内暴力是如何引起的?

家长的压制使得孩子走向暴力

其实我在小学时代也有过一些粗暴的行为。当时的我对自己的家庭环境一直抱有强烈的不满。非常专制的父亲和对孩子漠不关心的母亲的样子，总是令我感到焦躁不安，这种感觉到现在都忘不了。

每当到了晚饭的时间，只要跟父亲一见面他就会横竖挑我的毛病而发生争执，母亲会帮着他一起来指责我，这就令我更气愤会以更强硬的口气回嘴。

记得那是我中学一年级的时候，父亲和母亲为了一件什么事大吵了一架之后的事情。

母亲问我：

"我跟你爸离婚后，你跟谁呀？"

对这样的母亲我想都没想就回答了：

"当然是跟爸爸了，你能养活我们吗？"

"嗄，是吗?!"

就看到母亲露出难堪的神情。看着她，我又说：

"我反正无所谓，你可以不管我，但是你要考虑考虑弟弟吧？他还是个小学生啊!"

听我这样一说，母亲带着很不高兴的神态走开去了。

从那一刻开始，我对父母不要说期待，就连一般孩子对父母撒撒娇的情感都消失得干干净净。一年到头一天到晚看到的全都是令人讨厌的样子也是一个很大的原因。

这样回想自己过去的经历也可以认识到，造成孩子的家庭暴力行为或者其他不良行为的原因，大多在家长身上。

也不是说因为家长有问题所有的孩子都会变得很粗暴。把这种父母作为反面教师，自己反而认真努力的孩子也很多的。或许也会有这样认为的家长吧。

然而我经常会这样想：

"确实并不能断言说家长有问题的孩子都会出现粗暴、不良的行为。但有一点是可以肯定的,**凡是在有问题的父母跟前长大的孩子内心都带着伤痛,这点是不会有例外的。**"

事实上,来我这里咨询的人,大多数都是在有问题的父母跟前长大的。

"每天都要听父母发牢骚,是在牢骚声中长大的。"

"离了婚的母亲每天都要说已经分开的父亲的坏话。"

"不管碰到什么为难和痛苦的事,都不会想去跟那样的父母商量。"

针对这样的在有问题的父母跟前长大的咨询者,我总是这样对他们说:

"小时候由于父母的行为而造成的心头的伤痛,毫无疑问责任在父母。但是长大成人以后就要自己承担责任。为什么这么说呢?**因为长大成人后的你,对于自己无法接受的语言、态度有了拒绝的能力,**这点在你是孩子的时候还做不到,孩子是无法靠自己一个人的力量生活的。但是长大成人之后就可以做到了吧?不喜欢跟父母一起生活的话可以离开他们。**没有必要一味地忍受。**也没有必要为离开家里而感到有什么罪恶感。"

在问题父母跟前长大的孩子,对自己的父母表达自我意思时会有强烈的拒绝倾向出现,因此往往无法好好表达。这是由于父母长期对孩子过度压抑,过分地要去控制他们而造成的。

这样的过分压抑、过分控制的家长的问题行为是造成孩子不良行为的最大因素,请每位家长都能意识到这一点是非常重要的事情。

因此我们说:"**孩子的不良行为大多是由于小时候父母的过分压制而造成的。**"

对父母来说的乖孩子不一定就是健康成长的孩子。**其实越是父母**

眼里的乖孩子越有可能内心充满了怒气。千万不要疏忽了。

3. 家长的花招令孩子心灵受到伤害

父母的被害者意识对孩子是一种折磨

"现在我才明白母亲的狡猾，不可原谅。"一位女性咨询者含着眼泪对我说。

"父亲自从经营失败后，就一直在家里喝酒，还老是借酒发疯对着我大声嚷嚷。面对父亲的这种样子我已经吓得发抖，可母亲却对我说'快跟爸爸道歉，妈妈也一起道歉'，就这样老是在父亲面前做出保护我的样子。这时我就会在内心默默地想：'等我长大了，一定要把妈妈从父亲那里解救出去。'然而最近我才意识到，这只不过是我判断的大错误。如果母亲真的是保护我的人，早就应该跟那样的父亲分开了。但是，母亲却一直看着父亲的脸色过日子，一直没有分开。相反现在老是以'生活费不够用'为由来向我要钱。我已经被她搞得疲惫不堪。为了躲开母亲的纠缠我该怎么办呢？"

我对她说：

"你说的这种情况是我经常能听到的事例。在孩子看来父亲是加害者，那母亲看上去就像个被害者，所以一般都是站在憎恨父亲的母亲一边。然而在孩子的内心总会产生一些疑问：'为什么妈妈会跟这个残酷无情的父亲生活在一起呢？'在心底深处肯定会这样想的是吧？只要认真考虑一下，跟这样粗暴无情的父亲生活在一起，对孩子的教育和成长来说是好事情吗？如果真是想到要保护孩子的话，干脆带着孩子离开家，跟孩子单独生活说不定会更好，爸爸如果能改过自新的话那又另当别论了。当然靠妈妈一个人的力量，带着孩子生活可不是一件那么容易的事情。不过只要那时候母亲能痛下决心的话，你也不会有如此深刻的烦恼了。另外从你母亲现在还来向你要钱的行为来看，她对作为一个成年人自立意味着什么，看来还没有理解呢。依我看，其实**你母亲自身存在的依存心才是一个大问题**，你不觉得吗？"

听了我的这一番话，她说：

"是的，母亲总是在爸爸不在的时候对我们说：'妈妈也很苦恼，都是为了你们在忍受着的。'那时候我听了她这样说，总是会认为母亲也好可怜啊。可是越长大就越感觉到老师说的那些疑问：'那为什么母亲要跟父亲在一起呢？'而且，不管家庭经济有多困难，母亲都没有出去工作过。她自己说是因为'身体弱'，我从高中开始就打工，挣来的钱全部都交给她补贴家用了。心里总感觉到有什么地方不对头，现在想想真的很滑稽，母亲又没有生什么不能工作的大病，也没有弱到那个程度。父亲固然是那种最恶劣的家长，而母亲其实不是也差不多吗？最近我开始这样认为。因为她连现在都是这样的，一边在电话里说父亲的坏话，一边向我要钱。现在的借口是'年纪大了找不到工作了'。真不知道以后该怎么办？"

她开始慢慢理解自己内心存在的跟母亲的那种不协调的真相。

"是的，你的母亲一开始是对你父亲撒娇侍宠，后来在你父亲面前得不到宠爱了，就想在你这里得宠。这在心理学的世界里被称为'依存症'。更直接地说就是，你的母亲是一个如果不去依存谁就无法生活下去的人。你母亲利用'为了你们而忍受着'这样的理由，实际上一直在控制着你。她真实的目的是想告诉你，'为了你们一直忍受着苦恼着的母亲以后就要靠你了',不是吗？对于母亲的这种狡猾,你已经在内心的那个地方感觉到了。但是对母亲又想否定、又想肯定的不平衡的感情同时存在于你的内心,这说不定就是造成你烦恼和痛苦的原因。自己节衣缩食地过日子,省下钱来提供你母亲的生活费,这难道是为了你母亲的事情吗？你不妨停止给她生活费试试看,看她会做出什么样的反应？这样比较好,不然你一直这样下去会很不幸的。"

我给她提了这样一些详细的建议。

她听完之后脸色阴沉地说:

"我怎么感觉好气愤。确实是的,**母亲就是靠着把自己扮演成被害者而得到别人的宠爱而活着的**。作为同样的女性和母亲,我对这种生活态度是不能认可的。我如果站在母亲的立场,向自己的孩子伸手要钱会是一件羞愧难当的事。我也在考虑结婚,建立自己的家庭。然而像现在这样我连结婚都不可能吧？哪个男士会选择有一个这样的母亲的女性结婚啊？但是,我要是不提供生活费给他们了,那他们怎么维持生活呢？这又是一个扰人的事情。"

我就告诉她说:

"先去市政机构咨询,看看够不够申请领取生活保护费(生活费补助)的资格？然后再考虑下一步的事情吧。"

"好的。马上就去区政府咨询。终于有机会认识到了自己的真实内心,心情也一下子轻松了。老师,非常感谢您。"

像是展望到了未来,她的表情里终于透出一丝微笑。

她的母亲一直把丈夫当成加害人来掩盖自己的依存心过着日子。然而对于母亲的这种狡猾心理,实际上孩子们早就在内心看破了。扮演着"为了孩子们而忍受着的可怜母亲",这位咨询者的母亲就是这样在逃避以自身的力量而生存的努力。

孩子对父母的谎话和欺瞒都看得一清二楚,并且一边抱着对父母这种虚伪行为的厌恶,一边还要想方设法维护父母,夹在这两种感情之间他们变得越来越烦恼和痛苦。

"在言行不一致的父母跟前长大的孩子,心态常常是不稳定的!"作为父母,在养育自己孩子的时候,有必要事先作出充分的认识和理解,这是非常重要的事情。

4. 父母认为的乖孩子其实很危险

"我家的孩子是个听话守约的好孩子!"带着得意洋洋的表情夸赞自己孩子的家长,时有遇见吧?

"孩子肯定很够受的……被强制要做乖孩子!"我在内心嘟囔着。

家长眼里的乖孩子

简单明了地说,就是"什么事都顺从父母的孩子"。

在这里要说的只是我个人的意见,幼儿期和少年期的孩子应该让他们尽情地在外面玩,只要完成学校布置的功课就可以了。至于日本史、世界史这些知识可以通过给孩子提供历史题材的漫画书籍以及古典题材的漫画书籍,让他们在阅读当中自然获取和掌握。也可以采用带他们去历史资料馆参观等等形式。

父母把自己的意愿或者价值观强加给孩子的行为,会造成孩子的心理压抑。还有诸如私塾、兴趣班之类也一样,如果不是孩子自己想要去而是家长强迫的话,同样会造成孩子的心理负担。

的确,父母为孩子的将来考虑是非常重要的。只是,父母首先必须理解的是,幼少期的孩子的时间和大人的时间是不一样的。"对孩子来说,幼少期的时间也是为长大成人而奠定基础的重要时间。"

在这个时期家长把自己的各种意愿、自己的价值观强加于孩子的话,对孩子就会造成相当大的精神压力。

"小学之前整天在外面玩得筋疲力尽,肚子饿了吃饭,困了就睡觉。"

我认为,在还是孩子的时候就过这样的生活,不是很好吗?

在私塾和各种兴趣班里学不到的对孩子来说必不可少的是在跟同龄人一起玩耍中才能得到的体验。

- 生命到底是怎么回事?
- 活着意味着什么呢?

诸如这些事情,学校也好,私塾也好,都是学不到的,都需要在与自然界和有生命的东西打交道的过程中去学习。

近来轻视生命的恶性犯罪,阴险狠毒的欺负人事件等在媒体、电视上的曝光不断增加。我觉得可以这么认为,这种现象的背景其实也正是犯罪人在幼少期受到压抑而形成的。

还有最近的城市建设越来越依照成人社会的状况在设计,孩子们可以玩耍的场所越来越少,较之室外全身运动型的玩耍,更多的孩子都在室内玩游戏机之类的玩具。

私塾、兴趣班都适量地安排,多带孩子去山川野外,全家一起玩到筋疲力尽再回家怎么样啊?就这么简单的事情能大大减轻孩子们内心的压力。

- 老是迎合父母的孩子会造成内心的压抑。

- 对家长来说的乖孩子将来很有可能产生问题行为。

- 休息日一定要注重以孩子为中心的安排。

哪怕是印在大脑的一个角落也好，希望大家一定要牢记。

归 纳

- 引发孩子问题行为的根本原因是来自父母内心的扭曲。

- 责备孩子之前，先好好正视一下自己的内心更为重要。

- 耐心地倾听孩子的心声对做父母的人来说是一件非常重要的
事情。

第 8 章

保持轻松的心情培养孩子

与自己的父母之间没有什么快乐回忆的妈妈，对如何养育自己的孩子会很深刻地去考虑，导致一种一直在逼着自己的状况，因此在育儿过程中反而会产生更多的烦恼。这一章，我们就以"轻松育儿"为主题进行叙述。

1. 为什么要让孩子学这学那？

近年来，幼儿教育、课外学习与从前相比简直有着惊人的变化，针对孩子们的各种服务也是名目繁多，眼花缭乱。

其实我小时候也学过很多东西。有的是自己想学的，有的不是。例如，电子琴、绘画、公文式私塾等等。

但是非常遗憾的是，所学的这些东西里面没有一个是继续下去的。坚持到最后的只有一个，就是自己向父母恳求参加的少年棒球队。

现在回想起来还是不清楚，我为什么要学东学西地去学那么多东西？父母都是没有绘画素养的人，也不会弹电子琴。

再回过头去想想，父母都不懂不会的东西让孩子去学，我不认为对孩子的人生会带来什么意义。

而且我只要一想到当时的情景，情绪就会很不好。想跟小朋友一起玩的，却因为要去学自己都不喜欢的东西而玩不成。

到目前为止，我的人生当中要说有没有受到小时候学过的东西的影响，那么坦率地说，什么好的影响都没有。要说有影响的，那倒是那些在客房里作为装饰用的不知什么内容的百科全书啦，外婆给母亲做陪嫁的崭新的日文版欧洲百科全书，还有冠婚葬祭之类的礼仪书……不知为什么我会很入迷地阅读那些书,记得不知反复读了多少遍,以至于现在都能回想起其中的内容。

觉得不可思议的是,父母花钱要我去学的东西什么都没有掌握,倒是那时养成的阅读习惯长大成人后也一直保持着,直到现在也是。而且因为爱好阅读,进而发展到像现在这样开始写作。

"被父母强制逼迫的课外兴趣学习对孩子的人生有没有作用不清楚。"

其实,那只是我个人的例子,不能说明什么问题,但至少对我来说,在我的人生当中是这样的。

花大钱让孩子们去学的那些东西是不是真的是为了孩子,对孩子的人生能起到多大的影响?与其那样不明不白地做,还不如专心致志地支持孩子喜欢和入迷的事,这样对孩子的将来倒是非常有价值的。

说些题外话,小时候我对日本的历史发生了很大兴趣。尤其对战国武将的盔甲、古城巡游特别有兴趣,曾经拍着胸脯表示长大后要游遍日本全国所有的古城。然而父亲和母亲都是那种对历史毫无兴趣的人,我缠着要买历史书也从来都是不予理会的。

"如果父母对我感兴趣的事表示关心的话……"

"如果那个时候我缠着要买的历史书给我买了的话……"

现在的人生肯定不同于现在,毫无疑问走的是另外一条道路了,我经常会这样想。

2. 不要试图去掩饰丧失感……

养育孩子过程中但凡有烦恼的妈妈们很大程度上都具有的倾向特

征是:"被神经质的父母养育长大的"。

在幼儿期不管做什么都像是被父母监视着长大的孩子,自己做母亲后同样会无意中对自己的孩子进行监视。相反在放任自流的环境里养育长大的孩子,自己成为父母之后,对自己的孩子放任不管的倾向也会较大。

真的很不可思议。由心灵带着这样那样问题的父母养育长大的人,为什么一定会做出极端的行动来的呢?

"我自己小时候已经备尝辛酸,决不想让孩子有同样遭遇。"
"想学的东西都没有得到允许,所以要让孩子学好多东西。"
"想穿的好看衣服都不给买,所以一定要让孩子穿好看的。"

像这些父母那样,记忆里小时候的那些不愉快,不正是导致极端行为的最大原因吗?

阅读本书的家长们,如果你也有着同样想法的话,请好好思考一下:

"妈妈有过的遭遇,从中感觉到的不幸,对孩子来说是不是也会同样如此。"是不是这样?

想起以前有这样一位咨询者家长说过的话:

"我父母从来也没有带我出去旅行过。看到别的小朋友家里又是大家族旅行啦,又是去迪斯尼啦……到现在都是只要一想起来就很憋屈。所以,我一定要带着孩子们到处去玩,为此每天省吃俭用,为了全家旅行把每个月节俭下来的生活费存起来。"

我微笑着听这位妈妈说完,然后问她:

"这可真是好事情啊。孩提时代跟家里人一起出去旅行会留下美好的记忆。但是我有一点想知道的是,那么你的丈夫和孩子们对全家旅行

也这么期盼着吗?"

这位妈妈回答说:

"那是肯定的啦,他们也都很高兴地在期盼着的。只是……丈夫有时候会说:'偶尔才有的连休就让我好好睡一觉吧,不要这样拼命地往外跑不好吗?'对丈夫的这种想法我是不能理解的。能带着孩子们一起出门去也只有小的时候,等孩子们渐渐长大后能一起旅行的机会就越来越少了。"

看得出她有些困惑。

"我没有认为全家一起出去旅行有什么问题,只是有一点比较关注的事情是,你小时候的不愉快体验,对你现在的家人来说并不一定也是不愉快的,这一点你是否理解? 你小时候没有能跟父母一起出去旅行而感受到的情绪我很理解。你为了不让你的孩子们感受你小时候的那份懊悔而拼命地努力,然而由于你的努力,使你的丈夫和孩子们就感受不到你曾经感受过的那种懊悔了。而且你是不是有些过分努力了? 太当一回事努力过头的话,好容易一家人出去游玩,说不定会变得不那么开心的哦。"

"唉,我倒是从来没有这样去考虑过。我小时候经常为这件事感到委屈痛苦。特别是暑假结束后要好的同学总是互相说着出去玩的事情,我听了总是会产生自卑的感觉。现在我的想法哪里不对吗?"

"没有,你的想法并没有错。只是你对自己小时候期望的事情没有得到满足的那种感觉有点太过强调了。口口声声说是为了家人孩子,其实是你自己想要讨回小时候没有得到的什么吧? 像这样的话听得也很多。你是为了旅行,其他也有诸如为了课外学习啦,为穿着啦,为学历啦等等,各种各样的问题都有。'想讨回自己小时候没有得到的某样东西',在心底深处是不是这样的一种情绪呢？如果是这样的话,根本就没有必要拼命地考虑旅行这样的事……至少我是这样认为的。"

这位咨询者妈妈带着一脸的惊讶看着我。

为填补丧失感而行动

如果幼儿期造成的丧失感太大,那么这个孩子长大成人后还会为填补这份丧失感而拼命行动的。

前面叙述的那位咨询者妈妈,就是因为小时候父母从来不带她出去旅游造成她在同学面前的那种自卑感一直留在心头忘不了。自己长大成人做了母亲之后,为了填补这份自卑感,所以就拼命把全家旅游这件事强加给了自己的家庭成员。

这位妈妈的叙述里面有这样一段话:"这样说来,确实我在选择旅游景点时,会有意识地选择小时候那些同学炫耀过的地方,因为我在听她们显摆时确实是很羡慕她们的。"

这位妈妈的丧失感起因于旅游,其他还有诸如课外学习、穿的衣服、吃的方面等等,起因各种各样。

这位妈妈自从认识到自己的问题那天起,就不再拼命考虑不合理的旅行计划,而是用心跟家庭成员好好商量,安排一些能使孩子和丈夫都真正开心舒服、又不太累的一些家庭旅游活动了。

"为了挽回小时候没有得到的东西,再怎么拼命,也是不可能得到满足的。**不要试图去为了挽回没有得到的东西而拼命,要随时为了得到满足而行动**,这才是真正能获得幸福的最重要的事情。"

3. 家长改变了，孩子也会变！

因为孩子不听话而常常感到焦躁不安，从而为育儿而烦恼的父母在社会上到处存在。

我也有着同样的体会。

"为什么老是把东西到处摊放？"

"不要总是让我对你说同样的话好吗？"

"没有人的房间里总是开着灯。"

……

我也会为了这些事情经常训斥孩子。

大人有大人的习惯节奏，忙碌的早晨如果孩子磨磨蹭蹭，就会为赶时间而对孩子大声吆喝。

但是，说真的，**再怎么大声训斥，孩子是不会变的**。别说不会变，相反会变得更不听父母的话。关于这一点你只要站在孩子的立场考虑的话就不难理解。如果孩子对你说：

"妈妈，你火发得太大了，语气温柔一些好吗？"

"妈妈，你不要老是发火，我也有很多事情的呀？"

"不要光是发脾气骂人，偶尔也表扬一下好吗？"

……

你能马上就按照孩子说的改变自己吗？不那么简单对吧。

孩子无法像大人那样把事情考虑周全。一下子对着孩子说很多很多，只能造成孩子的惊恐和混乱，弄得孩子不知怎么做才好，严重时甚至还会毁了孩子的干劲。

这个时候不是去指责孩子没有改变,而是家长自己要改变对孩子的态度,才有可能出现好的结果。

这并不是什么很难的事情。**首先不要对孩子抱太多的期望,从发现孩子能够做到的事情入手,一个一个鼓励帮助孩子去完成、去做好。**

"房间乱哄哄的,慢慢整理吧……但先要养成一个习惯,把脱下来的脏衣服马上放到洗衣机里去。"诸如这样的方法。

一个星期能做到一个的话,一个月就能做到 4 个了。一个月做到 4 个,那一年就能做到 48 个以前做不到的事情了,是不是?

"所以不是指望孩子有突然的变化,而是家长本身要变得有耐心,在关注孩子的一言一行时,及时教给孩子各种各样事情的做法。这样是不是更好?"

现在做不好的事情,随着年龄的增长慢慢就能做好的。

"只要在从家里独立出去之前做到了就可以。"

像这样用长期的眼光来看待孩子的培养的教育反而会得到好的结果和效果。

孩子的将来由孩子自己决定

来我这里咨询的人常常这样诉说:

"父母老是要对我做出的决定说三道四,真是好讨厌。"

"在升学和就职的事情上因为听了父母的话一直后悔到现在。"

"对已经结婚的我还要说这说那,真想和父母断绝关系。"

在这些诉说者脸上往往带着悲愤的表情。

借口爱孩子,而实际上操纵孩子人生的母亲被世人称之为"毒母"。

父母的爱和过度干涉是亲子关系的诸多问题里最复杂的一个问题，也是很多父母对爱和过度干涉的区别搞不清楚而为之烦恼的问题。

那么,爱和过度干涉的区别到底在哪里呢?

那要看:

有没有尊重孩子的想法?

有没有把家长自己的意思强加给孩子?

家长自己没有满足的愿望有没有想通过孩子来实现?

……

这些问题只要做家长的自己问问自己不就清楚了吗?

越是吃了很多苦的父母,越是不想让自己的孩子再去品尝那些苦味,于是会首先被这份感情左右,对孩子所做的决定先入为主地加以干涉。

"只有考上好的大学人生才能安稳。"

"比起小公司当然是能去大公司就职更重要了。"

"公务员是最稳定的工作,还是考公务员吧。"

……

持有这种价值观的父母在社会上是很多很多的。

表面上看,说的都是很正确的话,实际上缺少了什么,这些父母有没有意识到?

"置身于什么公司或什么机构里,并不等于工作。"

有考虑过这点吗?

在一家什么公司或机构里工作或是发挥自己的才能干什么工作,全部都应该由孩子自己来决定。

"为什么这么说,因为这是孩子的人生。"

孩子能够以自己的人生为自己的决定承担责任,父母是不能用自己

的人生来承担孩子的人生结果的，对不对？

"父母和孩子是拥有不同人格的人，千万不要忘了这一点。"

尽管是父母，如果抢先对孩子的人生进行不必要的介入的话，就会变成控制孩子人生的行为，反而会使孩子的人生非常不幸，这绝不是耸人听闻的事。绝不是！

另外，对是否是真正的父母之爱的审视，也是很有必要和重要的事情。**引导孩子走一条父母认为安全的人生道路，其实是从孩子的人生当中剥夺了一个重要的机会，那就是只有通过亲身经历才能获得的战胜人生中的困难和失败所必须拥有的智慧，失去了这个机会，孩子就无法具备战胜人生中出现的困难和失败的智慧和力量。**

不要老是对孩子提一些没有必要的建议，如果孩子跟父母商量什么事情，需要父母的建议时，父母可以通过自己的人生体验和自己拥有的知识来启发教导孩子，这样不是更好吗？

关注孩子也是父母对孩子的爱的表现之一，也是跟孩子建立信赖关系的桥梁。

"我的孩子肯定没问题。"

试试看以这样的心态跟孩子接触怎么样？

4. 不能妨碍孩子的人生

有没有为了孩子的人生考虑过头，把各种各样的想法强加到孩子头上去啊？

"你要考上好大学。"

"要进大企业或者去当公务员。"

"不能跟没有稳定收入的男人结婚。"

……

把自己的价值观强加于孩子,很有可能导致孩子的人生成为不幸的悲剧。

要成为有稳定的收入和一定身份的人,或者要跟有稳定收入和一定身份的人结婚,这难道真的是这个孩子小时候追求的目标吗?

我回忆小时候,大家被问到长大后向往的职业时,好像都是很少跟"稳定"有直接关系的吧?

"想要做职业格斗家啦!"

"想要成为职业棒球选手啦!"

"想做明星啦!"

"想成为漫画家啦!"

……

孩子们向往的职业,仔细想想大多都是在大人看来跟收入稳定相差甚远的事情。

"那么为什么孩子们会选择跟大人的想法完全不一样的事情呢?"

那是因为父母都是一个独立的个人,而**孩子也是一个独立于父母的个人,孩子并不是父母的一部分**。孩子是作为一个独立的个人存在于这个社会中的。

"这不是大家都知道的吗?"

也许很多家长都会这么认为。但是,是否果然都是这么认为的呢?

如果对这句话,家长们都是真正理解了的话,那为什么会出现把自己的价值观强加给孩子的行为呢?

"要考上好的大学。"

"要有一份收入稳定的职业。"

"要跟能够保障安定生活的男人结婚。"

不都是这样跟孩子说的吗？

考上好的大学就一定能使孩子的人生获得幸福吗？进了大企业就能保证孩子的一生都幸福吗？跟收入和身份得到保证的男人结了婚就一定能建立起幸福的家庭吗？

"人不是因为条件都具备了就能得到幸福，而是内心充实的时候才能感觉到幸福。"

考入一所好学校，如果每天被一大堆的作业压得喘不过气，感觉不到一丝丝内心的从容的话，也是感觉不到幸福的。即使进入了大企业，若得不到提升的话，也有可能会感到悲惨。跟收入丰厚、有身份有地位的人结婚，如果对方忙得只有在家睡睡觉，那说不定也是为独守空房而倍感寂寞了。

"什么才是幸福要由孩子自己去决定，为什么？**因为孩子的人生是孩子的。**"

在孩子的人生里，这样那样地指手画脚去剥夺孩子人生的行为，真的能使孩子得到幸福吗？

当然也并不是说，不管什么都要服从孩子的判断和决定。孩子也是在自身的日常生活当中学到各种各样东西的。孩子还会在父母看不到的地方学到很多父母所不知道的东西。

从失败和挫折当中孩子可以学到各种各样的东西

父母总是喜欢把自己认为对孩子好的东西强加给孩子，其实与其这样还不如多多关注孩子，及时为孩子排除掉有害的因素，静静地守护孩子来得更好。让孩子自己发现其自身特有的能力并使其生根开花,用自己的方式找到幸福,走一条属于自己的人生道路,我认为这才是家长们应该做的事情。

"不要过于介入到孩子的人生里去。"

这一点请对孩子的幸福有着强烈愿望的父母们千千万万要记住!

5. 你就是孩子的好父母

当你被通知成为父母的那一天

我作为父亲听到孩子对我的最高赞誉就是:

"你作为我的父亲是最好的!"

听到这句话比什么都高兴。因为能听到孩子说这句话的父母并不是很多的,这是孩子最能让父母高兴的语言。

为什么我听到这句话特别高兴呢? 那是因为我感觉到"我不是妨碍孩子成长的父亲"。

孩子是这样评价我的。

养育孩子,再怎么努力也不可能马上得到什么评价的。对孩子的培养结果如何,我认为是在孩子离开父母时的表现当中反映出来的,是不是这样?

通过就职、结婚等等的人生转折点,孩子离开父母时,父母的任务终于得以完成。养育的结果如何呢? 可以通过孩子的各方面表现来了解到。

如今的父母光盯着眼前的事情一会儿高兴一会儿犯愁。对孩子的成长要着眼于长期来考虑,这一点还没有得到理解的父母很多。

从幼儿时期就开始扬鞭催马似的安排孩子为考私立幼儿园学这学那,孩子只是为了看到父母满意赞许的笑脸而拼命努力完成各门功课,根本就不能理解其中之意,只是努力再努力。

对孩子来说,努力能得到回报,有结果时还算好,一旦承受不了这么多功课所受到的挫折时,他们会是什么感受? 做家长的这个时候是否能对孩子的这种挫折感给予理解呢?

"你作为我的父亲是最好的。"

我作为一个父亲,越是回首自身的所作所为,越是没有自信能得到孩子的这句话。只有一点是敢肯定的:"能成为你们的父亲,对我来说是莫大的幸福!"这句话我准备在孩子们从我身边离开时告诉他们。

一个家长是好父母还是坏父母是由孩子来决定的。如果哪位家长敢肯定地说:"对我的孩子来说我是一个好妈妈。"那我可要问,真是这样吗? 等到孩子离开父母独立时,再问问她,说不定答案是要令你大吃一惊的。

"家长这个职业的成绩报告单是在孩子们自立的时候收到的。"

我是这么认为的。

6. 夸奖式育儿法并不是魔法

最近,以表扬法来教育培养孩子的话题受到广泛注目,我想很多家长也都在参考、尝试了。

- 只要表扬就能养育出好孩子。
- 只要好好表扬孩子就能进入好学校,人生就不用愁了。
- 用表扬法培养孩子准没错。

我觉得这些想法都有些像是身处幻想世界。

家长也是人,在失去内心的充裕时也会把烦躁的情绪发泄到孩子身上,在孩子不听话时也会提高嗓门,厉声厉色。

被孩子缠住时,还能一直微笑着表扬孩子是大多数家长不太容易做到的吧? 另外,

"表扬固然是很重要的,但一味地表扬会不会……"

是不是也有很多家长会产生这样的疑问呢?

针对这些家长,我想让你们一起来考虑一个问题。

表扬到底是怎么回事?

表扬的真正含义不去考虑,一味注重在表扬的行为上,那就会渐渐对表扬感觉到沉闷吧?

"孩子想得到父母表扬的理由是什么? 是因为通过父母,孩子可以懂得'被他人认可'的喜悦。'我的感觉是正确的',通过父母,孩子知道了以后,就会在内心不断地萌生出好奇心并且这些好奇心会得到培育。"

不是为了让孩子高兴而表扬孩子,是为了让孩子对自己的思想树立自信才去肯定孩子的。

孩子能够通过父母的语言来了解自己行动的结果是否正确。

如果对这个本质不加理解,随随便便地乱表扬,孩子会随着自己的成长对父母的浅薄性有所感觉。

"父母经常表扬我,但真的是发自内心认为的那样而表扬的吗?"

表扬固然重要,但在孩子做出什么有问题的行为时,父母必须认真地面对,该批评指责时严肃地批评指责也是很重要的。

"家长本身必须周知人类的社会规范,以适合这些规范的方式面对孩子,教育培养孩子。"

我认为家长自身所选择的坚实稳定的人生步伐和平时所表现的为人处世的人生态度也是很重要的。

世界上有很多伟大的先人,为我们留下了无数对生活富有启发性作用的教诲。其中就有许多有利于培养教育孩子的语言。

"并不是金钱和社会地位才是留给孩子的财产。教养对孩子来说是更重要的财产。"

表扬孩子固然很重要,但那仅仅只是养育孩子过程中的一个方面。当涌现出想要表扬孩子的场面和感情时就痛快尽情地表扬,当出现不得不批评教育的情况时就应该严肃地批评指正。不妨先把你在成为家长之前,在人生当中所学到的东西作为养育孩子的基本标准。这样接下去说不定就能找到属于你自己的独特的养育孩子的方法了。

7. 培养法的魔法性技能

当你走进书店的育儿专栏,有没有发现书架上排放着许多非常有魅力的育儿题材的书籍? 我也会情不自禁地去取下来随手翻阅。

确实有许多对家长们来说像是很有参考价值的语言以及大量的信息……问题是能否真的起到作用呢? 有不少读着读着就令我歪着脖子

发出疑问了。

那我究竟是感觉到了什么问题呢?

"很多是把注意力盯到了养育孩子的技巧方面,却没有说明为什么需要那样做?"

这是我所感觉到的比较明显的问题。

我认为培养教育孩子的基础在于"家长本身面对人生的态度和行为",这才是在养育孩子中最为根本的必要因素。

- 与他人的接触方式。
- 对于人生的每一个重要转折,关键时刻是如何决断的。
- 怎样做一个诚实的人。

像这些家长自身的生活态度和方式对孩子来说是不是就成了最大的榜样? 我是这样认为的。

当然,我自己作为一个大人也还有很多不成熟之处,在大家面前也不敢摆显,我只是想努力用自己原本的姿态,将孩子们教给我的东西传达给大家。

就在前几天,孩子问了我这样一个问题:

"幸福是一种什么样的感觉?"

我深思熟虑了一会儿,回答道:

"是啊,'如果这样开心的时光能一直继续就好了'当你这样想的时候的感觉就是的吧? 开心的事令你感觉到无比开心时,感觉到的就是幸福。"

孩子似乎是在思考着什么,过了一会儿莞尔一笑,说道:

"那么,我吃好吃的点心时,吃得肚子饱饱时就很幸福。"

孩子这样表达的时候,我们一家人都听得哈哈大笑起来。

就拿这一个关于幸福的问题来说也是，如果家长自己不幸福的话，是不是就很难告诉孩子答案？家长自己感觉不到人生的幸福，孩子就很难从父母那里学到如何获得幸福。所以说，**父母为了孩子也必须要有幸福的人生，过幸福的生活。**

"幸福的人生到底是什么？"

抱有这样疑问的父母们，不妨先好好思考一下对你自己来说，幸福意味着什么？

"父母若能从心底深处感觉到幸福，就能在幸福的环境中养育孩子健康成长。"

归根结底要考虑的是内心的充实感。一味地追求物质生活，是无法真正获得内心的满足的。内心缺失的东西，绝不是金钱和物质所能够填补和满足的。

跟家里人在一起时感觉到的那种幸福，闭上眼睛好好地体会一下吧，那是多么的重要。

那一刻从你内心深处所流淌的那股暖流，就是我们所说的幸福。

只要好好咀嚼这种感觉，好好地珍惜……就能将这种幸福传递到孩子的心中去。

归 纳

- 要求孩子尊重父母的意思而对孩子施加管教的父母，不是好父母。好的父母应该能够把孩子作为一个独立的人来尊重。
- 不要成为孩子人生路上的障碍，才是父母应该要做的事情。
- 做不到在养育孩子时以表扬为主，那就先试着从"不否定教育法"开始，怎么样？

第 9 章

拔掉你心头的刺，做一个心情舒畅的家长

带着与自己父母之间的不和,成为家长的人,在育儿中会产生出许多的苦恼。我把这种通过与父母之间的关系遭受到创伤的心灵称之为"被扎了刺的心灵"。

对孩子采取支配式行动的父母养育长大的孩子成为父母之后,由于被父母扎上了"支配之刺",对自己的孩子也会采取支配式的行动。还有对自己的父母抱有强烈厌恶感的人,由于被父母扎上了"猜疑心之刺",就会常常跟在自己孩子的身后,成为监视孩子行动的父母。

"育儿的基础是在你自身幼儿期的时候已经被父母刻下的烙印。"

这一点还没有被社会所认识。

自身的亲子关系之间存在问题的人,与自己的孩子之间难以避免地也会像下面所描述的那样,反复同样的问题。我把这个现象称之为**"流传于家族中的负连锁"**。

- 被父母放任不管的孩子长大后对自己的孩子也会放任不管。
- 受父母过度干涉长大的孩子,对自己的孩子也会过度干涉。
- 受到父母在肉体上、精神上暴力行为的孩子,对自己的孩子也会施加高压、强制和暴力行为。
- 老是被父母否定的孩子,对自己的孩子也会经常用否定的语言。

那么,如何才能彻底断绝这种"流传于家族中的负连锁"现象呢?有一点首先需要考虑的是,"为了改变孩子而烦恼得头痛的家长,不如改变你自己对孩子的影响来得更好",这就是我要强调的。

目前为止我们所能读到的儿童教育方面的书籍大多是忽视家长自身的改变而一味要求如何改变孩子的。然而,我在跟所有为育儿而烦恼的母亲们接触过程中感觉到一个事实,那就是父母的心理状态的安定与否在孩子的人格形成中所起的作用比什么都重要。

父母本身与自己的父母之间存在问题的话，父母自身的心理就经常处于不安定的状态。直接受到这种不安定的心理状态影响的就是我们的孩子。

"在抱有不安定的心理状态的父母跟前长大的孩子，必须经常看着父母的脸色行动，根本就无法发挥孩子本身所持有的能力"，这些问题发生的可能性就很大。

父母幸福的话，孩子就能幸福。

这一章我们以如何使妈妈的内心得到安定为中心来进行阐述，希望能提供给你参考。

1. 你的父母是怎样的父母?

你养育孩子的样板是你的父母。

面对那些通过讲座、心理咨询等渠道找到我这里来的妈妈们，我一定会问这样一个问题。

"你的父母是怎样的父母?"

为什么我要问那些来咨询的妈妈们这个问题呢? 其实通过这个问题，大多都能为育儿烦恼的妈妈们找到解决问题的线索。

"为什么妈妈们的育儿烦恼跟她们的父母之间有关系呢?"

可能很多人会这样想吧？然而现实是，妈妈跟她的父母之间的关系，是影响她跟自己孩子关系的重大因素。

为什么这样说呢？因为有这样一种说法："就像自己的父母养育我们那样，长大后我们再用同样的方法去养育自己的孩子。"

"但是，小时候的事情能记得那么清楚吗？"

说不定会有人这样想吧？我向大家介绍一件有趣的事情。

实际上人的大脑从 5 岁开始，最晚也不会超过 6 岁，"为了适应生存所必须的基础部分已经形成"，这一理论在脑研究学界被很多脑研究学专家应用了。如果这一说法如实的话：

"从父母那里得到深厚爱情的孩子，自然也会成为拥有深厚爱情的家长。"

我们是不是可以这样来考虑？

反过来考虑的话：

"在欠缺父母之爱的环境下长大的孩子，成为家长之后对自己的孩子倾注爱情时会感到有困难。"

是不是也可以这样来考虑呢？

来参加由我主办的学习会的母亲当中有很多抱着诸如这些烦恼的人。

"我做不到爱自己的孩子，真是一个糟糕的母亲。"

"如何才能做到爱孩子，我无法理解其中的意义。"

"我偶尔会产生恨孩子的心情，简直是一个可恶的母亲。"

对这些带着悲哀的神情诉说的母亲们，我告诉她们说：

"没关系。并不是你们这些妈妈们的内心有问题。问题出自于你们自身没有能够得到你们的母亲所给予的充分的母爱。也不是你们这些妈妈们不懂得爱孩子,而是**因为你们没有从自己的母亲那里学到如何倾注对孩子的爱,所以才会感到困惑**。妈妈自己知道了爱,这样的烦恼马上就能解决的。"

因为做不到恰如其分地面对孩子,从而产生了各种各样烦恼的父母在个世界上到处存在。而且,**一味地自责这样的自己,把自己逼到痛苦深渊的也是大有人在。**

但是,导致痛苦的原因并不是这些父母本身有什么心理问题,而往往是由他们的幼少期所处的环境造成的。

我对这些父母都会这样传授:

"不用担心,即使没有得到自己亲身父母所倾注的爱,从现在开始只要以正确的方法重新做起,你照样可以成为对自己的孩子是能够倾注爱情的父母。不急,从现在开始踏踏实实,不慌不忙地着手去做就可以了。"

"即使你没有得到亲身父母的爱这样的经验,你也可以成为对自己的孩子能够倾注爱情的父母。"

在如何面对孩子的问题上烦恼的父母,请牢牢地记住这句话吧。

重要的是,不要性急,要不慌不忙先让自己的情绪保持安定,要学会看孩子的眼睛,如果能从孩子的笑容里感觉到自己给予孩子的爱,就没有问题了。

2. 你的父母是心灵健全的父母吗?

大家知道吗? 最近"毒母"这个词已经慢慢在被社会所认知和接受。

所谓毒母,指的是"在孩子的人格形成中制造了诸多问题的家长"。

事实上为育儿烦恼的家长当中有很多人是"**因为受到性格扭曲的父母的影响而造成了自身的育儿烦恼**"的。

我还接受过这样一位母亲的咨询:

"我真想把孩子扔下,一个人躲到远远的地方去。"

她带着非常严肃的表情说:

"我已经被孩子搞得筋疲力尽。我家的孩子真是一点都不听我的话,我对丈夫诉苦,他却丝毫不理解我,还说什么'这是孩子精力充沛的象征嘛',就像是听别人家孩子的事,一点都不当一回儿事,真的好累!"

她眼里含着泪水,的的确确是为育儿所累着烦恼着的样子。

"孩子真的是不会按照父母的意思做的,我也有体会。我也是每天对着孩子要说同样的话,以前我也像你一样经常会为此很烦躁。但是自从领悟到某一件事之后,就不再那么烦躁了。"

我这样对她说了之后,她马上问我:

"如果可以,请您告诉我那个某一件事可以吗?"

看着那位母亲认真期待的眼神,我告诉她:

"其实我回想起了自己小时候也是为同样的事情经常被父母训斥的

经历。多少次被训斥不还是照样会重复做的吗？现在为了同样的事情
又这样训斥孩子,当我意识到这点时,对自己不寒而栗,还有点儿厌恶自
己。不可思议的是,自从意识到这点后,面对孩子重复做的事情也不那
么感觉到烦躁了。"

"对自己不寒而栗?"

她带着迷茫的神情看着我。

"是啊。记得我的父母在训斥我的时候总是瞪着眼睛一副威吓的样
子。嗯,怎么说呢……也就是'用恐吓来强迫'的感觉,我对父母的那种
脸色真的是讨厌极了。现在还是只要一想起那张脸心里就犯怵。**居然
有一天,我在训斥孩子的时候无意间在镜子里看到了自己的脸,竟然跟
自己父母那时的脸色一模一样**。我被这一发现吓了一大跳。那时我就
想'哇塞,简直跟老爸老妈的脸一样啊'。从此之后我就不把那些琐事太
当回事了。即使房间还没有整理干净,牙还没有刷也不会死的啦……我
对孩子们也就不大再神经质地训斥了。莫非你的父母对你用的也是神
经质的方法,你是在那种环境里长大的? 有没有呢?"

"是的。的确能想起很多类似的情节。母亲是个很神经质的人,老
是训我骂我,把我逼得走投无路。莫非,我是继承了那样的母亲的血?
如果是那样的话,**那我不是在把自己小时候体验过的那种恐怖感又在强
加给自己的孩子了吗?**"

这次她像是在深深指责自己,肩膀都突然垂了下来。

"不要紧。现在还来得及让孩子原谅你。你不能企图让孩子改
变,而是要认真审视和面对你自己内心的问题,**找到自己内心的那根刺
是最最重要的**。真正的你是不会对孩子感觉烦躁的,尽早意识到这点是
非常要紧的事。对于小时候给你的心灵造成巨大压抑的母亲(父亲),你
在心底深处一直抱着强烈的愤恨,这就是导致你烦躁的原因。'我是一

个非常听父母话的好孩子,为什么你不是像我小时候那样的好孩子呢?'是不是这样的感情啊?"

对于我的这番话,她说:

"听了这些话,我的心里乱哄哄的很不平静。确实老师说的这些我都能找到相应的感觉,都能明白。是这样的……**我恨母亲**。**现在也是**。只要一见面就拿出居高临下的态度对我所做的事情品头论足。或许我在不知不觉中也像母亲那样在对待孩子吧?"

这位妈妈说着说着表情已经变得非常悲哀了。

"从现在开始一点点地考虑如何跟孩子接触。妈妈只要有所改变,孩子就一定会跟着心灵平静下来的。但是,在这之前,你跟你母亲之间的关系必须认真地考虑对待,也是非常重要的。你跟你母亲之间产生的心理问题是你想忘都忘不了的问题。如果能解决你跟你的母亲之间的问题,那么像现在这样地为孩子的事烦恼的状况就能减轻很多,从现在开始慢慢努力哦。"

我给了她这样的建议。

"并不只是为养育孩子而烦恼的妈妈的心灵问题。"

像这位咨询者那样,对自己的父母抱有强烈不满和愤怒的人一旦做了父母,在育儿中就会产生各种各样的问题和烦恼。

"对着孩子歇斯底里地发泄情绪。"

"不能原谅不听话的孩子。"

"不认为孩子可爱。"

拥有类似这些烦恼的父母,不妨好好审视一下自身跟父母之间的关系。

3. 照看好孩子比照看父母应更为优先！

我的父母经常为这样的事情吵架：

"你就会对你自己的父母好。"

父亲把在跟母亲结婚的那年所拿到的奖金全额送给了爷爷奶奶啦，给爷爷奶奶买空调啦，出钱为爷爷奶奶家装修浴室啦等等，母亲经常为这些事跟父亲不高兴。

"你只对自己的父母那么好，怎么从来不为我的父母做些什么呢？"

这只不过是母亲经常挂在嘴上说的话，据我所知，父亲对外婆家的人也是给予了很多援助的。

为自己父母而吵架，这样的家庭还真不少。

确实如果换一种看法的话，像是很孝顺父母的子女……然而为这样的事情夫妇经常吵架，以至于孩子们的心灵为此受到伤害。这样看来的话，你又会觉得怎么样呢？

其实我就是在这样的夫妇跟前长大的，我在自己结婚的时候考虑了这个问题，我想这样做：

"我结婚后要对对方的父母比自己的父母好，这样说不定对方也会对我父母更好的。"

但是现实却没有那么美好，结果被我母亲恶狠狠地指责道：

"你光知道对她的父母好，他们不就正好可以随心所欲地利用你了吗？"

"我不想像你们那样老是愚蠢地吵架,是自己经过思考选择那样做的。"我内心很想这样地反驳母亲,可是即使这样说了又能改变什么呢?当时我就拼命地忍住了。

因为有过这样的体会,我会对咨询者们说:

"关心和为父母担心当然不能说不好,但是对父母过分关心说不定会使夫妇之间的关系出现裂痕。"

父母老是说对方父母的坏话,这对孩子来说只会带来坏影响。父母有父母的生活,孩子有自己的小家庭生活。

对父母的照顾在条件允许的情况下是可以的,如果不想照顾当然也应该是可以的。

"如果把孝敬父母作为义务的话,必定会导致夫妇之间产生裂痕,还会给孩子们的心灵留下伤痕。"

对父母来说,他们愿意破坏孩子的家庭来要求孩子尽孝心吗?如果真有这样的要求,这样的父母难道是真正为孩子的将来好好考虑的父母吗?

"照顾好孩子比照顾父母更重要",请大家不要忘了。

4. 带着与父母之间的问题进入到婚姻里的家长

带着跟亲生父母之间的问题结婚生子成为父母的咨询者,还真不少。

"自己没有出身在一个美好温暖的家庭,所以就想早早结婚建立一个自己的温馨小家庭。"

"再也不想跟那样的父母生活在一起。"

跟亲生父母之间的纠葛太深了,就把结婚作为一种逃跑,这种心情我是完全理解的。

然而,"**跟父母之间发生的纠葛没有解决就结婚的孩子当中有很多都会因为父母的原因又导致夫妇之间出现问题**",这样的例子太多了。

亲子间产生的纠葛是很难被他人所理解的,即便是作为丈夫或妻子也一样。

"**在结婚之前就尽可能消除亲子间的纠葛和问题是非常重要的**。"

被过度干涉的父母养育长大的孩子,结婚后有很大的可能,父母还会对他们的夫妇关系中发生的各种各样的事情插嘴、插足。

"丈夫或者妻子无法违抗其父母,父母老是对小家庭的事指手画脚。"

"对孩子的教育问题也多嘴多舌。"

"丈夫(妻子)老是粘在婆家(娘家),家里的事依赖不上。"

所以,**结婚之前就从父母跟前独立出来**,是保证自己的小家庭能过得美满幸福的必要条件。

"父母有父母的生活,孩子有自己的小家庭生活。"

父母和孩子都要对这条基本的规则好好理解并遵守,才能建立起健康的亲子关系。这是非常重要的事情。

5. 拔掉你心头的刺就一定能养育健康的孩子

我们已经围绕关于背负着跟父母之间所产生的心灵伤痛的人,会在夫妇关系及孩子身上制造坏影响说了很多。

"妈妈的育儿烦恼,大多来自于自己的父母。"

没有得到亲生父母深厚爱情而长大成人的孩子,在自己成为父母后:

"感觉对自己的孩子难以倾注爱。"

"孩子一不听话就会感到烦躁不安。"

"还是不要生孩子为好。"

他们很容易带上这些不满的情绪。相反,在父母老是对自己的行动多嘴多舌的环境里长大的人成为父母之后:

"不是书上写着表扬孩子好吗,那就多多表扬。"

"妈妈圈里流行让孩子学这个,我们家孩子也去学。"

"电视里流行婴幼儿教育,我们家也要……"

就很有可能成为老是被周围的信息所左右,根本不考虑孩子的情绪爱好就先定下要让孩子做什么的父母。

那就要请你重新审视一下作为父母应有的作用了。

父母的作用只有一个,帮助孩子在离开父母时能够独立自主

做父母的要将孩子离开父母时,为了能够独立生存所必须具备的各种本领先做成表格,一一列举出来,帮孩子一一做到这些事情。

让我们先一起来考虑以下四个问题。

1. 做饭、洗衣、打扫卫生等日常生活中必须学会做的事情要教会孩子(不论男女)。

2. 与人相处时最起码的礼貌及规矩要教会孩子(婚丧喜庆的规则,

对长辈上司的接触方式,不会让孩子丢面子的基本教养,餐桌礼仪等)。

3. 伴随孩子成长的节奏,让孩子适时地了解社会结构(金钱观、政治经济观、事业观)。

4. 将生命的慈爱传达给孩子(通过与植物、动物的接触传达给孩子生命的慈爱和意义)。

　　生活中每天必须做的事情,像做饭、洗衣、打扫卫生等,妈妈可以根据孩子的成长节奏随时教孩子做。像社会结构、人与人的相处之道等,爸爸可以根据孩子的成长节奏来教给孩子。

尊重生命

　　尊重生命也就意味着"尊重自己"。

　　况且"尊重生命＝尊重自己"的观点是必须拥有的。

　　表扬教育法、婴幼儿教育以及竞争考核……我对这些都没有否定的意思。然而,一定还有比这些更重要的东西,这是我在回答许许多多妈妈的烦恼时一直思考的事情。

　　最近,孩子杀了父母,父母杀了孩子这样悲惨的恶性事件已经变得不再罕见。原因是什么? 那是因为父母没有教孩子首先好好理解,作为一个人最最重要的是什么,而是让孩子看到了很多计算利益、计较得失的场面,不是这样吗?

　　"难道为了生存所必需的东西就只有金钱、地位吗?"

　　我也是作为成年人活了很多年了,在获得金钱和地位的时候,如果没有一颗"热爱生命的心",只会感到人生的虚无缥缈,根本就体会不到人生的真正快乐,而只是在虚度时光。

"你是希望孩子获得幸福,还是只要做个有钱人就可以?"

阅读本书的妈妈或爸爸们,也请你们好好考虑一下这个问题。

"还有没有比教给孩子尊重生命,尊重自己来得更重要的事情了?"

为了告诉孩子生命的重要,家长自身就必须先好好地学习有关生命的重要性。

能够教给孩子懂得珍惜生命的父母,不会是坏父母

获得学历所必需的知识,赚钱所必需的知识,这些都可以在学校里和社会上学到,能够教给孩子生命的重要性的人却只有父母。

教给孩子珍惜生命的过程也是向孩子浇灌爱的过程。

为了生存金钱是必须的。然而光凭金钱的力量要让孩子的内心拥有"生命的力量"恐怕也是很难的。

孩子的生命的力量来源于父母的爱

告诉孩子生命的重要性,**教给孩子珍惜自己是每一位父母应该做的事情**。如果没有教会孩子认识生命的重要性以及首先第一要学会珍惜自己的话,孩子的心灵就会长出刺……说不定孩子还会因为**不懂得什么是幸福而迷茫在人生的道路上**。

"父母的爱到底是什么?"

正是现在,作为父母再一次认真想一想吧!

"光在孩子身上花钱就算是爱孩子吗?"

"让孩子过上富裕的生活就算是爱孩子吗?"

"提供孩子以获得学历的学习环境就算是爱孩子了吗?"

能够经常认真思考"什么才是真正爱孩子?"这个问题的夫妇,他们培养出的孩子才是能够获得幸福人生的孩子。相反,价值观念都是沉醉于金钱世界里的父母养育长大的孩子,也会像其父母那样,在自己的人生当中除了金钱看不到其他的价值。

"幸福是一种温暖的、只有在内心得到充实和满足时才能感觉到的东西。"

只要把世界的温暖和美好的感觉传达给孩子就可以了。

归 纳

- 能够理解幸福的父母培养出来的孩子就能够获得幸福的人生。
- 期待孩子孝顺的父母很有可能会成为孩子人生中的障碍。
- 人并不是条件满足了就能获得幸福的。在任何环境里都能发现、寻找到幸福的人才能走上一条幸福的人生路。

尾声

"养育孩子实在是太难了!"

就算是对著书立说的我来说,能不能得到孩子们的及格分也是没有自信的。

有时候因为没有宽裕的时间,就不能做到好好倾听孩子们说话,也有的时候会把自己的烦躁情绪向孩子们发泄。

其实,我和我自己的母亲之间就存在着长年不和的经历和经验,现在是断绝母子关系的状况,有很长时间都没有见过面。我从小就是带着否定母亲的心情长大的。

就是因为拥有这种很不理想的亲子关系,所以觉得对那些为育儿烦恼的家长们,自己是能够传达一些什么的,才决心写这本书。

真的竟然有很多很多为育儿烦恼着的母亲来找我咨询。

"一辈子都无法原谅。"

"再也不想见到那张脸。"

"不会让她见到孙子。"

其中也有好多被子女这样说了之后困惑不已的父母。

许多母亲甚至含着眼泪向我诉说:

"到底我有什么错啊?"

我们一般很容易会认为,像这样被子女用如此火辣辣的语气指责的母亲,内心一定存在很大的问题吧? 其实母亲的心灵扭曲并不是造成问题的全部因素,相反超出孩子们想象的是这些母亲更多的是全身心地在为孩子考虑的。

那么为什么这样的母亲却还要为育儿而烦恼到如此程度呢？

我针对这些母亲的成长环境和其自身同她们的父母的关系做了详细询问之后得出结论，其实并不是这些母亲自身的问题，而是这些母亲的父母才是制造问题的根源。

- 从来没有被父母表扬过。
- 父母光顾工作从来不好好关心孩子。
- 父母经常吵架。
- 小时候老是听父母发牢骚。
- 为了逃脱被这样那样的过多干预才结了婚的。

从这些母亲那里听到了各种各样对亲子问题的倾吐。

来咨询的母亲们最初对自己跟父母的关系是影响自己跟孩子以及夫妇间关系的很大因素之说，很多都流露出不可思议的表情，随着倾听我的叙述，大家几乎都流露出同样惊讶的神情。

"确实如老师所说，我不也在做着跟自己的父母同样的事情吗？"

"不想成为自己父母那样的家长……这份情绪说不定就是造成我们母子关系扭曲的原因。"

"长这么大什么都听从父母的，竟然得到的是这样的回报？"

对这些母亲们我向她们提了以下建议：

"没关系，当然说不定您确实还没有建立起健全的亲子关系，但是，没有关系的，为什么这样说呢，因为您的内心已经意识到了自己过去的错误，真正不像样的父母是意识不到自己内心的问题的，不仅如此，还会什么事都把责任推给别人，最后连自我反省都没有。所以对于您这样能将心比心的妈妈就不会有问题了。相信有一天您肯定会把这份感情告诉您的孩子,然后,慢慢地用心地将亲子关系中错综复杂的结一个一个地解开,亲子关系就一定能向着改善的方向理顺的。"

我们只要去书店就能看到无数陈列着的育儿书籍,英语教育丛书啦,高考对策啦,右脑左脑啦,反正是什么样的教育信息在这个世界上都泛滥着。

虽然都是以作者自身经验为基础的非常出色的育儿技能,而我却无论如何不为之所打动,为什么呢?就是因为那些书都是写了对孩子的期待,却丝毫没有提及家长自身。

孩子内心的不安定因素大多来自于家长内心的不安定。尤其是幼少期的孩子完全就是被父母的心理状态所左右的,在人格的形成上更是受着父母很大的影响。

"父母也不可能是完美的。"

说不定也有这样认为的家长。但是请不要忘了,并不是完美不完美的问题,而是你们夫妇是否真正在育儿中用心考虑过孩子的幸福,这才是最最重要的。

- 夫妻间经常是互相争吵仇视对方的父母。
- 老是把孩子当成出气筒的父母。
- 把自己的理想强加给孩子的父母。
- 以社会标准为借口来支配孩子的父母。

我认为像这样的父母就不是要让孩子改变的问题了,而是父母自身必须要改变!

世界上大多数的父母应该是把孩子的事情放在首位考虑的,然而由于成人社会的种种原因,有时就会不经意地把这个头等大事给忘了的吧。

我发自内心地希望有更多的家长能读到这本书,并且能成为您重新考虑自身的亲子关系以及家庭关系的契机。

在此我要特别感谢为我能出版此书而企划的蛋蛋屋的白熊先生,高陵社书店的高田先生以及担任编辑的八木先生。还有那些在背后默默支持我的人们,我从内心感谢你们!

"父母幸福的话,孩子也就能幸福。孩子幸福的话,父母也就能幸福。"

最后,衷心祝愿阅读本书的您会有所收获。

毒母问题专门咨询师 影宫竜也

我为什么要翻译此书？

    本书从一个特殊的角度剖析了一般不为人所察觉的深层次的心理问题。

    我们每个人的性格都是由遗传和环境所造就。孩提时代的环境尤其重要，孩子接触最多、受到直接影响的就是父母。父母的心灵是否健康关系到孩子性格的形成，这个事实通过本书作者的阐述得以证实。俗话说，人无完人，我们每个人之所以性格上多多少少存在缺陷，正是由于我们的父母在跟我们的接触方式上多多少少都会存在问题的缘故，问题越多，孩子的性格缺陷就会越大，问题越深的话，孩子的性格缺陷就会越严重。如果这些问题得不到及时解决，甚至会毁了孩子。

    那么为什么应该是最最爱孩子的父母反而会成为伤害孩子的"元凶"呢？原来这跟父母的父母又有关系。所有的问题都来自于原生家庭，可以代代追溯。有很多心理学、幼儿教育学的专家一直在研究这方面的问题。我们中华民族千百年来都是提倡孩子必须无条件地孝顺父母，否定父母和反抗父母即是没有良心、大逆不道……许许多多的人即使为父母的行为再烦恼再痛苦也不敢公开言说，因为说了也是得不到任何人理解的："天下哪有不为自己孩子好的父母呀？""怎么说自己父母坏话呢？"所以，更多的是反而加深痛苦。

    我本人也是一位被母亲的毒刺深深扎伤的受害者，带着被摧残扭曲的人格和心灵的巨大伤痛，我远离故乡，只为摆脱毒母不间断的毁灭性伤害！但是悲剧并未结束，自己也成为母亲后，在无意识中竟然重复着深深痛恶的母亲的行为，这些行为又深深地扎伤了自己的孩子……我百思不得其解，为什么我那么痛恨母亲，一直拿她做镜子发誓绝不学她的样的，而我又那么爱我的孩子，一直竭力给她创造我被毒母剥夺的升学、升职的权利和机会，给予她我从来没有得到过的来自于父母的人生指导、教诲，每天在为她描绘和憧憬美好的未来，用尽方法诱导她努力学习考上一流学校，将来成为幸福的人！怎么这些反而成了伤害她的行为呢？

　　阅览无数书籍寻求答案时，与本书相遇，一切恍然大悟却是相见恨晚！我的孩子已经受到严重的心灵伤害，而我既是毒母受害者也成了伤害孩子的毒母！正如本书作者所描述的"负连锁"。

　　作为一个深爱孩子、希望孩子拥有比自己体面幸福人生的母亲，我的心几乎崩溃，这种悔痛是不言而喻的！

　　痛定思痛！为了不要让我女儿成为无谓的牺牲品，为了那些跟我的孩子有相同、相似境遇的孩子们在还可以补救的时候尽早结束这种在每天日常生活中随时可能发生的心灵伤害，为了帮助那些正在为此烦恼和寻找答案的爱孩子的父母们千万千万不要再重复这样的悲剧，我决定翻译这本书！希望它成为一本在所有的图书馆、书店里都随手可得的，能帮助您进行自我解析、自我启发、自我修正的工具书。希望这本书能帮助您找到隐隐作痛的那根心灵之刺，并且不要再把这样的毒刺连锁下去！

　　祈愿天下父母做心灵健康的父母，养育心灵健康的孩子。这是我们人生幸福的基础。

翻译：日籍华人　高野帆

（中文原名：樊　娟）

2017 年 12 月　于日本东京

【作者介绍】

借口爱孩子，而实际上操纵孩子的母亲，被很多日本民众称之为"毒母"。

影宫竜也（KAGEMIYA TATUYA）是个毒母问题专门咨询师，亲子问题解消咨询教室"器塾"代表，有着与亲生母亲通过裁判绝缘的经验。

他自身就是一位经过三十多年努力从毒母的支配中解脱出来的"毒母残存者"。作为帮助在毒母养育下长大成人的母亲如何摆脱其毒母的支配，如何解决夫妇问题以及育儿问题的"毒母问题解消专家"表现活跃。拥有解救"被毒母烦恼的母亲"的诸多实际案例。作为毒母问题专家也经常出席电视节目。

主要著作还有《从毒母中完全解放》。

图书在版编目(CIP)数据

　　毒刺：亲子关系中烦恼和痛苦的根源/(日)影宫竜也著；
高野帆译. —上海：华东师范大学出版社，2018
　　ISBN 978 - 7 - 5675 - 7624 - 7

　　Ⅰ.①毒…　Ⅱ.①影…②高…　Ⅲ.①亲子教育
Ⅳ.①G781

　　中国版本图书馆 CIP 数据核字(2018)第 153363 号

毒刺
亲子关系中烦恼和痛苦的根源

著　　者　[日]影宫竜也
译　　者　高野帆
策划编辑　彭呈军
特约编辑　单敏月
责任校对　王丽平
装帧设计　卢晓红

出版发行　华东师范大学出版社
社　　址　上海市中山北路 3663 号　邮编 200062
网　　址　www.ecnupress.com.cn
电　　话　021 - 60821666　行政传真 021 - 62572105
客服电话　021 - 62865537　门市(邮购)电话 021 - 62869887
地　　址　上海市中山北路 3663 号华东师范大学校内先锋路口
网　　店　http://hdsdcbs.tmall.com

印 刷 者　常熟高专印刷有限公司
开　　本　787×1092　16 开
印　　张　11
字　　数　109 千字
版　　次　2018 年 9 月第 1 版
印　　次　2018 年 9 月第 1 次
书　　号　ISBN 978 - 7 - 5675 - 7624 - 7/G · 11051
定　　价　28.00 元

出 版 人　王焰

(如发现本版图书有印订质量问题,请寄回本社客服中心调换或电话 021 - 62865537 联系)